李紹盛　著

# 民國精英人物的故事

# 序

二〇〇三年春，余自北銀退休，並同時辭卸各大學教職及報社主筆，結束近四十載忙碌的上班、教書及寫作生涯，心情頓感輕鬆愉快，家居多閒暇，曾整理舊稿，除財經論文、專欄、社論及短評之外，發現與人物懷舊相關文稿多篇，在重讀之餘，使余回想起許多與老師、長官與前輩長久之互動關係。

同年夏應兒女之請求，携眷赴美定居南加州，每天常以閱讀（以近代史料及中外名人傳記為主）及整理花木排遣時光，頗有「讀書有味身忘老」（陸游詩）的感受，偶有心得，乃撰稿投寄北美《世界日報》及臺北《中外雜誌》等刊，享受筆耕之樂，數年之間，有關民國政界、學界、軍方精英及開國先賢之文章已累積四十餘篇。

近承秀威公司蔡主編登山之抬愛，願將余之上述稿件選輯成冊印行，盛意可感，乃編為本集應命，以「民國精英人物的故事」為書名，目錄順序大致以人物出生先後為準，各篇內容或有排校疏漏及資料來源仍有爭議之處，尚祈讀者不吝指正。

史學家嘗謂：撰述歷史文稿，必須具有「史德」、「史識」與「史才」，余之「史識」、「史才」均感不足，但自忖為文記述必有依據，評析則力求客觀，俾至少能達到「史德」的要求。

近年來常回憶在大學修習中國近代史課程時，承兩位恩師李定一教授與吳相湘教授的諄諄教誨，余受益良多，他們均強調「史德」為研究史學的第一準則、迄今不敢或忘，本書內容皆以正確史料為準，不願妄加推測之。

附錄二篇係父母辭世後所撰之追悼文，倆老的音容身影偶在夢中出現，令余感觸殊深；願為人子女者於雙親生前多盡孝道，避免將來有「子欲養而親不待」的遺憾。

李紹盛

二〇一〇年元月於美國南加州哈崗市

# 目錄

附錄

# 誰真正愛臺灣

## ——簡述國府遷臺後（一九四九年—一九八八年）十五位最有貢獻的人物

一九四五年（民國卅四年），抗日戰爭勝利後，臺灣結束五十年的日本殖民統治，重回祖國懷抱，迄至一九四九年（民國卅八年）底，中國大陸淪陷，國民政府遷臺辦公，其間二百餘萬軍民渡海來臺，其中包括許多優秀的工程技術人才、工商企業家（連同其資金、廠房、設備等）、學術文化界知名人士及有經驗的行政人員，加上為數甚鉅的故宮文物、中研院古籍及央行之黃金、銀圓、外幣現鈔（主要為美元），亦隨之妥運來臺灣。

一九五〇年（民國卅九年）三月一日，蔣介石總統復行視事後，臺灣地區的軍民同胞在他的卓越領導下，團結一心，共同建設經營臺灣，經過多年的努力，終能從危急與貧窮落後狀況，邁進安全與富裕繁榮境界。

今天我們飲水思源，不能不對臺灣光復後幾位元首、不少高層機構首長、及政府各部門負責人深表感激與懷念，由於他們傑出的領導與無私的奉獻，使臺灣不僅轉危為安，立足東亞，開創經濟快速成長與民主深化的奇蹟，曾被國際經濟研究機構及西方媒體讚譽為開發中國家的典範與值得學習的臺灣經驗。

茲謹就個人廣泛研析近四十年（一九四九年—一九八八年）之史料與文獻，試作客觀的評比與簡要的說明，依序列出十五位對臺灣最有貢獻的人物，也是真正愛臺灣的人物如下，敬請讀者批評指教。①

## 一、蔣介石

（一）中華民國總統、中國國民黨總裁、國防會議及國家安全會議主席、革命實踐研究院及國防研究院院長。

（二）鞏固領導中心，加強外島防衛能力，提振三軍戰力，使中共進犯臺灣企圖無法得逞，主持國政，帶動全民從事國家建設，並職繫友邦，增進對外關係，確保國家安全，提昇總體綜合國力，令全臺同胞感念不已。

## 二、蔣經國

（一）國防部總政治部主任、中國青年反共救國團主任、國防會議副秘書長、行政院政務委員、行政院退輔會副主任委員、主任委員，國防部副部長、部長，行政院副院長（曾兼任經合會主任委員）、行政院院長，中華民國總統，中國國民黨主席。

（二）建立軍中政戰系統，促進三軍穩定進步，興建東西橫貫公路，積極輔導退役官兵就學、轉業、安養，充實國防建設及主持經建計劃，績效卓著，擔任最高行政首長及國家元首，進行十大建設，政績斐然，尤其是在病逝前數年推動政治自由化措施，如解除戒嚴、報禁、黨禁、開放赴大陸探親觀光等，極具魄力，影響深遠，贏得全臺同胞愛戴與甚高評價，迄今仍令人懷念。

## 三、陳誠

（一）東南軍政長官、臺灣省政府主席、行政院院長（曾兼任石門水庫興建會、經安會、美援會主任委員）、中華民國副總統（曾兼任行政院院長、經合會主任委員）、中國國民黨副總裁。

（二）實施地方自治及推動土地改革，改善臺灣政經環境，擔任最高行政首長及國家副元首，推動各項行政改革措施及社會建設，魄力與遠見兼備，多年來力疾從公，政績卓著，不幸辭世於副總統任內，全臺民眾深表婉惜與懷念。

## 四、嚴家淦

（一）臺灣長官公署交通處長、財政處長（曾兼任臺灣銀行董事長）、臺灣省財政廳廳長、經濟部部長、財政部部長、臺灣省政府主席、行政院政務委員（曾兼任退輔會、經安會主任委員、美援會副主任委員及主任委員）、行政院院長，中華民國副總統（曾兼任行政院院長）、中華民國總統。

（二）長期負責財經業務，建樹良多，主持省政及擔任最高行政首長，作風穩健踏實，亦具遠見，表現優異，任國家副元首及繼任元首，有為有守，平和轉移國家領導中心，贏得國人敬佩。

## 五、俞鴻鈞

（一）中央銀行總裁（曾兼任交通銀行董事長、中國農民銀行董事長、中國國民黨財委會主任委員）、臺灣省政府主席（曾兼任臺灣銀行董事長、臺灣區生產事業管理會主任委員）、行政院院長（仍兼任央行總裁，曾兼任經安會及美援會主任委員）。

（二）統籌運送黃金外幣來臺，充裕國庫資金，維持金融安定，使國家財政不致崩潰，貢獻顯著；主持省政及擔任最高行政首長，崇法務實，力謀社會經濟在穩定中求發展，備受肯定。

## 六、尹仲容

（一）臺灣區生產事業管理會常務委員、副主任委員、中央信託局局長、行政院經安會委員兼秘書長及工業委員會召集人、經濟部部長（仍兼任中信局長）、行政院美援會副主任委員、行政院外貿會主任委員、臺灣銀行董事長。

（二）恢復臺灣工業生產能量，擴大物資供應，開展工商建設，鼓勵新興產業，貢獻殊多；主持工業規劃、美援運用、外匯與貿易審議及金融調度，具有開創性政績，惜積勞成疾辭世。

## 七、葉公超

（一）外交部部長（曾兼任僑務委員會委員長）、駐美國大使、行政院政務委員、總統府資政。

（二）長期負責涉外政務，維護中華民國國際地位，加強我國與友邦國家之邦友，締結中日和約及中美共同防禦條約，功勳卓著；於駐美大使任內對保障中華民國在聯合國之代表權及增進中美兩國關係，極有建樹，備受史家推崇。

## 八、胡適

（一）駐美國大使館顧問、總統府光復大陸設研會副主任委員、行政院長期發展科學會主任委員、國民大會主席團主席、中央研究院院長。

（二）以前任駐美大使及北京大學校長之聲望，聯繫海外學人及向美方朝野爭取對中華民國的支持，擁護國家領導中心，對自由及人權之維護多所進言，備受當局重視及同胞認同；主持中研院，提升學術研究及科技水準，頗有貢獻，惜因病猝逝於任上。

## 九、俞大維

（一）駐美國大使館特別助理、東南軍政長官公署政務會副主任委員、行政院美援會副主任委員、國防部部長、行政院政務委員、總統府資政。

（二）爭取美方軍備供應及遊說美國政府與軍方支持臺灣反共策略，提高國防備戰能力，對金馬外島之防禦極為用心，經常冒險巡視外島，具有遠見，亦有功勳。

## 十、張其昀

（一）中國國民黨中央宣傳部部長、總裁辦公室主任秘書兼組長、中央改造委員會委員兼秘書長、中央委員會常務委員兼秘書長、教育部部長、革命實踐研究院主任、國防研究院主任、文化大學董事長、總統府國策顧問、資政。

（二）執行黨務改造及培訓黨政軍高級幹部，著有勞績；主持教育部四年餘期間，推動多項教育改革，闢建南海學園，試辦九年義務教育，全力促成多所國立大學（如政大、清華、交通、中央等）在臺復校，臺灣師院、臺南工學院、臺中農學院升格為臺師大、成功大學、中興大學，成立各大學研究所碩士、博士班及創辦文化大學，均有利於人材培植及國家發展，其魄力與遠見，甚獲同胞讚譽。

## 十一、李國鼎

（一）臺灣造船公司協理、總經理、行政院經安會工業委員會專任委員、行政院美援會秘書長、行政院經合會秘書長、副主任委員、經濟部部長、財政部部長（仍兼任經合會副主任委員）、行政院政務委員兼科技顧問組總召集人，總統府資政。

（二）早期任工業計劃、美援運用、經濟規劃機構之幕僚長工作，參與重大財經決策竭盡心力，頗有貢獻，擔任財經首長多年，建樹甚鉅，後負責推動科技發展，尤有功績。

## 十二、孫運璿

（一）臺灣電力公司機電處處長、總工程師、協理、總經理、行政院經合會專任委員、交通部部長、經濟部部長、行政院院長。

（三）恢復及加強全臺電力供應，促進運輸建設，長期主持經濟部，對產業發展、能源政策、外貿成長及經濟建設等方面，均有貢獻；擔任最高行政首長，極具遠見，勇於負責，政績卓著，極受同胞愛戴與感念，離院長任期最後半年，突發腦中風，令國人無限傷痛。

## 十三、吳大猷

（一）行政院長期發展科學會主任委員、國家安全會議科學發展指導會主任委員、中央研究院院長。

（二）引進旅外科學家、學人回臺服務，培養科學人才，提昇科技水準，改善學術研究機構素質，成效顯著，影響極大，其對科技及教育發展之建言，極獲層峰肯定，備受各方推崇。

## 十四、俞國華

（一）中央信託局局長、中國銀行董事長（兼任中國產保公司董事長）、中國國民黨財委會副主任委員及主任委員、財政部部長、中央銀行總裁、行政院政務委員兼經建會主任委員、行政院院長。

（二）主持國家行局，協助工商企業及外貿發展，具有績效，改革稅制，充裕稅源，維護金融與外匯之安定，積極推動經建計劃，均頗有政績；擔任最高行政首長，穩健務實，政通人和。

## 十五、沈宗瀚

（一）中國農村復興委員會委員（曾兼任行政院經安會委員兼第四組召集人、行政院外貿會委員）、主任委員、行政院農業發展委員會顧問。

（二）長期主持農政，調整農會組織，促進農業增產，提升農產品品質，改善農民生活，拓展農產品外銷，奠定臺灣經濟發展基礎，貢獻極大。②

註釋

①本篇各人物欄內之（一）係指來臺後主要職務，之（二）為重大具體功績。

②本篇內容係根據二〇〇一年七月一日作者在文大中山學術研究所博碩士班畢業生聯誼會之講話要點撰成。

（《中外雜誌》，二〇〇八年一月）

# 艾森豪義助蔣介石協防臺灣

在近代中美關係史上，艾森豪（Dwight D.Eisenhower, 1890-1969）是第一位以現任美國總統身份訪問中華民國的政治家，在他八年總統任內，曾執行一連串對臺灣的友好政策，協助中華民國在艱困環境中自立自強，屹立不搖，艾森豪對於蔣介石總統在臺灣領導軍民，勵精圖治，厚植實力，亦十分敬佩；因此，多年來臺灣才能在安定中致力於經濟繁榮與促進政治民主，經濟成長躍居東亞四小龍之首，民主的深化亦受到國際普遍推崇，曾被譽為亞洲開發中國家的典範。今天，我們回顧這一歷程，對於這位戰後反共巨擘，與患難中協防臺灣的誠摯友人實有無限的感念。

## 二戰英雄當選美國總統

艾森豪在二次大戰期間擔任歐洲盟軍總司令，一九四四年六月，策劃指揮諾曼地登陸，擊敗納粹德軍，次年光復歐陸，戰功彪炳，晉升至五星上將，戰後返華府，接任美國陸軍參謀長，一九四八年被選任為哥倫比亞大學校長，一九五〇年，奉派赴歐洲，協助歐洲各國成立北大西洋公約組織，並出任北約聯軍統帥，對抗蘇聯領導下的共黨陣營，允文允武，聲望崇隆，民主、共和兩黨均欲爭取其加入，一九五二年獲共和黨提名為總統候選人，擊敗民主黨對手史蒂文生（伊利諾州州長），當選為美國第卅四任總統，一九五六年獲選連任。

## 解除「臺灣中立化」

艾森豪於一九五三年一月，就任總統不久，即在二月二日，在國會提出國情咨文，宣佈：決定命令美國海軍改變第七艦隊在臺灣海峽執行中立巡邏的任務，解除前總統杜魯門於一九五〇年所採取的「臺灣中立化」政策，此一重要命令於宣佈後立即實施。

艾森豪在參眾兩院聯席會議中宣佈上述措施時，曾表示：「現在已不再有任何道理與意義，須由美國海軍替中共擔任防衛的任務，所以我命令不再使用第七艦隊，屏障中共。」他又強調：「我們沒有義務去保衛一個與我們在韓國作戰的國家。」艾氏這一宣佈曾獲得全體國會議員三次熱烈鼓掌。

蔣介石對艾森豪這一宣佈，表示由衷讚揚，他說：「我認為艾森豪總統解除中華民國部隊限制的決定，無論在政治上與軍事上，以及在國際道義上而言，實為美國最合理而光明的舉措。」

## 簽署中美共同防禦條約

隨著這種政策的改變，艾森豪又在二年之內，採取了二項極為重要的措施，以加強中美兩國的合作。

第一項措施是：授權國務卿與中華民國談判簽訂中美共同防禦條約，此項條約於一九五四年十二月二日，在華府簽署，美國與臺灣防守同盟的關係，從此正式建立。同時，美國對臺灣實施軍事援助，以及派第七艦隊協防臺灣，也均因此成為基於條約義務而採取的共同防禦行動。

第二項措施是：由艾森豪總統提出，而經國會通過的所謂：「臺灣決議案」，在談判中美共同防禦條約的同時，艾森豪要求國會「授權使用美國部隊，以保衛臺灣、澎湖及該區域有關據點與地區的安全」，他在一九五五年一月廿四日，向國會提出的咨文指出：「中共已經採取一連串挑釁性的政治與軍事行動，目的是奪取臺灣；美國與友好的中華民國政府，以及所有自由國家共同關切的是：確保臺灣不被共黨侵略部隊所控制。」

上述兩項措施，是中美雙方面臨共黨武力威脅，攜手合作所依據的政策基礎，迄至一九七九年中美斷交，美國政府對此長期恪遵不渝。

## 洞察國際共黨野心

艾森豪對於以蘇聯為首的共產國家向外侵略的野心，也時時提高警覺，他經常大聲疾呼，要求美國人民認清共產主義威脅美國的嚴重性，他曾說：「共黨國家為了進一步遂行他們宣示統治世界的目標，不惜採取任何陰謀詭計，終將暴露共產主義邪惡之本質，他們在國際上總是威脅利誘，軟硬兼施；至於欺詐、哄騙、暗箭傷人、顛倒是非等，更是他們慣用的伎倆。」從這些言論觀察，艾森豪可說是戰後最反共的美國總統。

## 協防臺澎保障外島

一九五八年八月，中共對金門發動猛烈砲擊，並企圖進犯金門，由於中美共同防禦條約中，並無協防金馬外島的明確規定，當時的姑息主義份子一再呼籲國軍退出金馬；艾森豪乃依據前述「臺灣決議案」，宣示對此將採下述政策：「如果中華民國軍隊能獨立防禦金馬外島，美國將不加干涉，如果本人認定：協防外島為協防臺澎所必需，美國即會協防這些外島。」

在當初談判中美共同防禦條約的同時，艾森豪曾要求國會通過「臺灣決議案」，使總統對中共的挑釁行動有酌情判斷的權力，所以當中共砲擊金門時，美國即調集第七艦隊的龐大海空武力，加強臺灣海峽的巡邏防衛，並予駐防金門的國軍以積極的後勤支援，此項行動已無異公開協助臺灣防衛金門，阻遏中共的進犯，美國國務卿杜勒斯稱之為「戰爭邊緣政策」，由此可見艾森豪對臺海局勢發展具有遠見。

## 兩次訪問中華民國

艾森豪戰後曾兩次來中華民國訪問，第一次是一九四六年五月九日，他自歐洲返回美國前，特繞道到南京，拜會國民政府蔣介石主席；第二次則是一九六〇年六月十八日，他以美國現任總統身份正式訪問中華民國，在臺北曾與蔣介石總統懇摯會談。

艾森豪在停留臺北期間，曾發表下述談話：

（一）在蔣介石所設的國宴席上致詞中強調：「中美兩國必須團結抵制共產主義的全球性威脅，國際共產主義在中國與其他地區的嚴酷統治，絕不能持久，而僅係一瞬即逝的過度現象。」

（二）在各界聯合歡迎大會上的演說中鄭重表示：「美國不承認窮兵黷武的北平共產政權具有代表全體中國人民發言的權利；我們在聯合國支持創始國之一的中華民國為中國在聯合國唯一的合法代表。」他並讚揚說：「中華民國在臺灣創造光明燦爛的進步，最後將決定世界總人口四分之一的全體中國人民的命運。」

（三）在離臺前發表的聲明中，向中華民國保證：「貴國在我們追求世界和平與國際正義的共同努力中，所負擔的重要工作，將獲得美國政府及人民充分而堅定的支持。」

艾森豪訪問臺北最重要的意義，體現在與蔣介石舉行正式會談後所發表的聯合公報，在公報中雙方重中保證：「兩國政府決心繼續在中美共同防禦條約之下，堅強團結合作，共同抵禦中共對本地區之挑釁。」公報並稱：「雙方將繼續獻身於聯合國之原則，共同不懈努力，以使彼此間之合作更為堅定，兩國人民間之傳統友誼益加增進。」

蔣介石曾在歡迎艾森豪的國宴席上，指出：「艾森豪總統此次來訪，對於增進中美兩國的友好關係，加強兩國共同反抗國際共黨侵略的合作，實具有歷史性的重大意義。」

要之，艾森豪此次訪問臺北之行所表現的誠摯友誼，使中華民國全體人民十分感念。

## 中華民國痛失良友

一九六一年一月，艾森豪卸下八年總統重擔，遷至賓州蓋茨堡定居，安渡退休生涯，在與心臟宿疾作長期搏鬥之後，一九六九年三月廿九日，與世長辭，享年七十九歲，蔣介石伉儷驚悉艾森豪病逝後，深表痛惜，特致電艾森豪夫人致唁，電文曰：

「艾森豪將軍逝世，本人與蔣夫人深感哀悼，此不僅為美國人民亦為世界人類不可彌補之損失。艾森豪將軍係一生為維護真理作戰之英勇戰士，亦是一位英明偉大的政治家，正為自由奮鬥的中國人民至今追懷他的真摯友誼……」

艾森豪辭世後，不僅美國人民痛失一位傑出的領袖，舉世也為這位致力於人類和平的偉大政治家而震悼，中華民國民眾更為這位長期為中美友誼盡其心力的誠摯友人追思不已。

（《中外雜誌》，二〇〇五年三月）

# 民國偉大教育家蔡元培

蔡元培，字鶴卿，號孑民，浙江紹興人，一八六八年（清同治六年，民前四十五年）生，祖父嘉謨及父光普，業典當及錢莊，以正派經營著稱，母周氏，賢淑能幹，生子女七人，蔡元培排行第二，自幼聰穎過人，六歲入家塾，從叔父銘思公（秀才出身）讀經書。

## 科考一再告捷入翰林院

一八八三年（清光緒九年），蔡元培年十七，考中秀才，次年始充塾師，設館授徒，為從事教育工作之始。一八八九年，赴杭州應鄉試，中試為舉人；三年後（一八九二年），蔡元培赴京補行殿試，考中進士，欽點翰林院庶吉士。此次正考官為戶部尚書翁同龢，對蔡元培之評語為：「年少通經，文極古藻，雋才也！」

一八九四年秋，蔡元培南下至廣州、潮州小住；次年春，回紹興，後入京應散館考試，升補翰林院編修，乃有機會大量閱讀典藏圖書，並涉獵西學譯本。

## 任新式學堂監督並習外文

一八九八年，蔡元培與友人合設「東文書館」，閱讀日文書籍；同年秋，因維新變法失敗，深感清廷前景無望，遂毅然於次年棄職出都，經上海、杭州返紹興故里，嗣任中西學堂監督，以培育人才，學生有蔣夢麟等，是為蔡元培從事新式學堂教育之始，此時他繼續研習日文，並開始學習英文。

一九〇〇年，蔡元培辭中西學堂監督，赴嵊縣，在剡山、二戴書院講習；次年，赴上海南洋公學任教，並與張菊生等創辦《開元報》。

一九〇二年，上海商務印書館設編譯所，蔡元培應聘為所長，此後開始學習德文，作留德之準備；同年七月，蔡元培曾赴日本遊歷月餘，與吳敬恆同船返上海。

一九〇五年，孫文在東京成立同盟會，蔡元培經何海樵之介紹加盟，並被推為上海分會會長兼主盟人。

## 首度赴德國柏林留學

一九〇七年春，蔡元培隨駐德公使孫寶琦經西伯利亞赴德國，居柏林一年，研習德文，並為商務印書館編譯德文書籍；次年秋，進萊比錫大學，修習文史哲學，更涉及人類學、文化史及美學，研讀甚勤，並靠譯書維持生活費用，凡三年餘。

一九一一年（清宣統三年）十月，武昌起義成功，蔡元培至柏林協助革命之宣傳，旋接陳其美電報，催促其回國，蔡元培遂經俄返抵上海，立即與黃興等人會商成立新政府事；次年（一九一二年）元旦，南京臨時政府成立，孫文被各省代表推選為臨時大總統；元月三日，內閣籌組完成，蔡元培由孫大總統提名為教育總長。

## 臨時政府成立任教育總長

元月九日，蔡元培就總長職，啟用印信。十九日，頒布普通教育辦法，分電各省遵行，要點有：（一）各類學堂均改為學校，監督、堂長改稱校長；（二）初等小學男女同校；（三）禁用清學部頒行的教材；（四）小學手工科目應予加強；（五）小學讀經科目一律廢止；（六）高等小學以上，體操科目增加軍訓項目；（七）中學為普通教育，文理不必分科；同時，並頒發普通暫行課程標準。

由於政情的演變，孫文大總統辭職，並向臨時參議院推荐袁世凱繼任。二月十八日，蔡元培與宋教仁、戴傳賢、王正廷、汪兆銘等被派為政府代表北上迎接袁世凱南下就職；同月二十九日，袁唆使北洋軍在北平發動兵變，藉故拒絕南下。袁遂於三月在北平就任臨時大總統，臨時政府被迫北遷，蔡元培乃力辭教育總長，但未蒙袁世凱允准。四月北上留任總長，邀范源濂任次長，協助處理部務。

蔡元培留任總長後，亟思有所作為，除召集臨時教育會議外，於部內增設社會教育司，以普及全民教育，並聘翻譯大師嚴復為北京大學校長，又強調大學以研究學問為主，應注重文理兩科。七月十四日，蔡元培任職甫滿三月，內閣總理唐紹儀因政策與袁世凱相左，憤而辭職，蔡元培亦隨後辭職，以表示政治家進退風度。

## 再度赴歐專注研究

一九一二年秋，蔡元培再整行裝攜眷赴德國，仍至萊比錫大學進修；次年春，宋教仁被刺身亡，南北對立情勢嚴峻，黨中同志紛電促歸，蔡元培即趕回上海，奔走調停，並與吳敬恆、張繼、汪兆銘等共創《公論》雜誌，主張袁世凱應立即引咎辭職。

二次革命失敗，蔡元培於一九一三年秋，復攜眷赴法國，住巴黎近郊一年，學習法文。歐戰爆發後，蔡遷居法國南方大城——土魯士，以編譯書稿自給。一九一五年六月，蔡曾協助李煜瀛、汪兆銘等籌辦留法勤工儉學會，又與李煜瀛等設華工學校，為之編發講義，親為講課。

一九一六年六月，袁世凱死，黎元洪繼任大總統，范源濂任教育總長，特電請蔡元培回國出任北京大學校長。

## 出任北大校長除舊布新

同年冬，蔡元培返抵國門，年底北京政府任命蔡為北京大學校長；次年（一九一七年）一月九日蔡正式就職，並嚴正宣示：「大學為研究高深學問之所，決不是做官發財的終南捷徑。」旋即針對北大之腐敗積弊加以指斥：「畢業預科者，多入法科，入文科者甚少，入理科者更少，只因做官心熱。」「對於教員，則不問其學問之淺深，惟問其官階之大小，官階大者，特別歡迎，蓋為將來畢業有人提攜。」「平時則放蕩冶遊，考試則熟讀講義，不問學問之有無，惟事分數之多寡；試驗既終，書籍束之高閣，毫不聞問；文憑到手，即可藉此活動於社會。」

蔡元培要求學生，要抱定為求學而來之正大宗旨：「努力勤學，並砥礪德行，必須敬愛師友。」他如此毫不保留的揭發當時北大種種不當情況，並殷切寄望同學，用功向善，具見其革新整頓之決心。其後，北京大學終蔚成全國學術研究中心，蔡元培這一除舊布新的努力，實具有決定性作用。

## 革新組織增聘良師

蔡元培接掌北大時，北大本科設有文、理、工、法、商等五科，他深切瞭解文、理兩科為應用科學基礎，而北大限於校舍與經費，實難兼辦各類應用學科，故主張以北大的工科併入天津北洋大學，在得到北洋大學同意並經教育部核准，乃得以工科原有經費轉用增加於理科設備，又以當時北大商科毫無設備，師資不足，僅有一些普通商業課程，故將其併入法科，是以北大可集中發展文、理、法三科。一九一八年，文科增設中國史學門，理科增設地質學門，合原有的學門：國文、英文、法文、德文、哲學、史學、數學、物理、化學、法律、政治、經濟及商業，共十四學門（後均改為學系）。

除大學組織革新外，蔡元培更積極聘請學問好而授課熱心的教師，以培養學術研究風氣，並禮聘陳獨秀為文科學長、夏元瑮為理科學長、王建祖為法科學長。

在此同時，蔡元培又組織評議會，由教授選出之代表出席，有議決學校政策之立法權，並通告各學系成立教授會，以達「教授治校」的目標。

## 數度赴歐美開會及進修

一九二〇年十一月，蔡元培奉派赴歐美考察教育，委總務長蔣夢麟代理校務。翌年一月二日抵巴黎，法國政府授予寶星勳章，為華人稀有之榮譽，巴黎大學及里昂大學贈予榮譽文學博士；三、四月間，蔡轉赴德、奧、荷、比、義等國考察；五月，乘輪赴美，紐約大學贈予名譽法學博士；八月，至夏威夷，代表我國出席泛太平洋教育會議；九月，經日本抵上海，立即返校主持校務。

此後數年，北大在蔡元培領導下，展開許多改革措施，譬如：（一）正式招收女生；（二）聘請國際知名學人來華講學，如美國杜威教授；（三）師資採「兼容並包」、「老年與新進同受尊重」，最重要的是

「以學詣為主」;(四)新聘各學科專家到校任教;(五)充實圖書館及實驗室;(六)設置國學研究中心、展開歷史與語文之調查、及文物之收集保存;(七)出版《社會科學季刊》、《國學季刊》,發表各科教授之專門研究論文,為我國學界之創舉。

一九二三年七月,蔡元培再赴法國,協助吳敬恆、李煜瀛辦理中法大學校務;一九二四年十月,蔡又赴英國,推展庚子賠款運動;一九二五年七月,蔡出席在英國愛丁堡舉行的世界教育聯合會首屆大會,會後往德國漢堡大學研究民族學;一九二六年三月,蔡甫自歐洲返國,因見北方政局混亂,懇請辭卸北大校長職,北大教職員及學生均全力挽留,蔡不為所動。

## 任大學院院長及中央研究院院長

一九二七年四月十八日,國民政府定都南京;五月中央政治會議決議設立中央研究院,作為全國最高學術研究機構,蔡元培、張人傑、李煜瀛等為籌備委員;七月,國府成立大學院取代教育部,任命蔡元培為大學院院長。翌年(一九二八年)四月,國府公布中央研究院組織條例,並特任蔡元培為中央研究院院長。

一九二八年五月,全國教育會議在南京召開,蔡元培擔任大會主席,他在開會致詞中指出,國家教育方針三大要點:(一)提倡科學教育,一方面從事科學上之研究,一方面推廣民眾的科學訓練,俾科學方法待為國內一般社會所運用；（二）養成全國人民勞動的習慣，使勞心者亦出其力，以分工農之勞，而勞力者，不可減少工作時間，而得研求學識的機會；（三）提高全國人民對於藝術的興趣，以養成高尚、純潔、捨己為群之思想。蔡的上述提示成為數十年來中國教育的遵循方向。

## 積極擴充中研院規模

同年十月，國府實施訓政，在中央成立五院，中央政治會議選出蔡元培為國府委員兼監察院院長，蔡自知個性不適宜此一職務，堅拒接受。

自蔡元培就任中研院院長後，積極網羅專才，設立館所，迄至一九二九年底，此一我國最高學術研究機構已經有九研究所及三館，如天文、氣象兩研究所及自然博物館設於南京；物理、化學、工程、地質、社會科學五研究所設在上海；歷史語言、心理兩研究所與歷史博物館、天文館設在北平；各所各館工作均順利展開，各所研究與專刊、集刊紛紛出版，國內學人在蔡的領導號召下，邁向專門學術研究領域，使北伐成功至對日抗戰的十年間（一九二八年—一九三七年），蔚成我國學術研究的黃金時代，在國際上引起很大的注視，蔡元培的貢獻極大。

## 鼓勵青年讀書救國

蔡元培在主持中研院院務之餘，並兼社會科學研究所民族學組研究員，多年來對民族學研究的興趣不減，並發表許多各國相關論文、集刊，頗獲國際學術界重視。

此外，蔡元培對青年學生素極關切，他常勉勵青年要努力「迎頭趕上」，又說「能讀外文書，說幾句外國話，都不能稱作現代學生」，他強調「必須具備以下三個基本條件，才配為現代學生：一獅子樣的體力，二猴子樣的敏捷，三駱駝樣精神。平時要多鍛鍊體格，力振頹風，負起任重致遠的責任。」

蔡元培又強調青年要「自愛」、「愛人」，尤其要「讀書不忘救國，救國不忘讀書」、「為學要如金字塔一樣」。蔡在民國二十年代，曾給予中國青年很多嘉言，也發生重大的正面社會影響力。

## 晚年身體衰病時癒時發

一九三六年春，蔡元培度過七秩壽慶後，身體轉弱，疾病叢生，時愈時發。同年冬，曾大病一場，幾瀕於危，終以診治得宜，休養經年，始漸告痊癒。次年七月，對日抗戰全面展開，蔡元培憂心國事，以病無法為國效力而深深自責；同年年底，移居香港，以利醫療。

蔡元培居港期間，僅賴信函與各界連繫，並指示中央研究院大計。一九三八年二月，蔡曾在香港主持中央研究院院務會議，總幹事朱家驊及十位所長飛港參加；此後蔡因病足，不良於行，且體衰力弱，無法隨院內遷昆明，當時朱家驊外務甚多，院務多由史語所所長傅期年兼代；八月間，蔡因貧血，曾多次暈倒，精神體力益驅衰弱。

一九三九年三月，中央研究院評議會在昆明舉行，蔡元培原定到院主持，以醫師勸阻作罷，雖未能成行，然蔡對院務仍極關切，每有重要事務皆遙為決定。

## 與世長辭全國致哀

一九四〇年三月三日，蔡元培在家失足跌倒於地，病情加劇，過海入香港養和醫院診療，亦未見緩和，延至五日晨九時與世長辭。元培先生在彌留時，猶有遺憾謂：「……世界上種種事故，都是由於人們各為己利。……」並有遺言：「美育救國」、「科學救國」。

三月七日，蔡元培遺體入殮，吳鐵城代表蔣介石委員長主祭；十日，靈車出殯，執紼者五千餘人，沿途觀者數萬人，全港學校、商店均懸半旗致哀；同月十六日，國府特頒褒揚令，全國各地於同年二十四日同時舉行追悼會。迨抗戰勝利還都，國府為追念舊勳，於一九四七年五月十日，明令定期舉行國葬，元培生先身後，可謂備極哀榮。

（《浙江月刊》，二〇〇九年十月）

# 文武兼資的開國元勳鈕永建

## 科場得意棄文習武

革命元勳鈕永建，字惕生，浙江吳興人，一八七〇年（清同治九年，民國前四十一年）生，自幼聰穎絕倫，受教私塾，年十七考中秀才，後又高中舉人，是當時科場得意的青年，一般均進京會試，求取進士頭銜，循科舉入休途，然而鈕永建志在高深學問，乃赴江陰南菁學院就讀，入學後遇學長吳敬恆，時相過從，結為一生之好友；後嚮往孫文的革命主張，遂棄文習武，考進湖北武備學堂，畢業不久，以第一名考取兩湖總督張之洞官派留學日本士官學校。

## 赴日留學參加革命

一八九九年春，鈕永建自上海乘輪赴日入學，同年謁孫文於橫濱，被孫文視為難得的人才，同盟會於東京成立，鈕永建加盟為會員，自此獻身革命，前後在東京共留學四年，軍學益進。

一九一〇年，鈕永建返國，為圖中國，富強，擬進德國軍校，追求更高深的軍學基礎，於同年底西行赴歐，翌年春在柏林獲悉黃花岡起義，同志壯烈犧牲，悲憤異常，遂決心棄學回國參與革命工作，是年六月，返抵上海，同年底，協助陳其美籌建武力，組織學生軍密集訓練，光復松江，並進而策進東南革命運動。

## 任職國府主持蘇政

一九一二年元旦，中華民國臨時政府於南京成立，孫文被選為臨時大總統，內閣組成，黃興任陸軍總長兼參謀總長，鈕永建任參謀本部次長，同年三月孫文辭臨時大總統職，鈕永建亦解職，回到上海，與同志致力團結革命力量，擴大黨團組織。

一九一三年二月，國民黨在上海宣布成立，孫文被推為理事長，鈕永建任參議，其時國會正進行選舉，國民黨獲大勝，鈕永建亦在江蘇省當選議員；一九一四年底，國民黨改組為中華革命黨，孫文膺選任為總理，鈕永建入黨為黨員，旋赴日轉歐美考察；一九一七年九月，革命黨人在廣州組成軍政府，孫文被選為大元帥，鈕永建出任大元帥府參謀次長（總長為李烈鈞），並兼兵工廠長；一九二一年五月，孫文任非常大總統，親自督師北伐，鈕永建在滬，因素負人望，乃被推為江蘇省長；一九二八年四月，國民革命軍光復長江下游，隨即奠都於南京，鈕永建被任命為國府秘書長，旋江蘇省政府遷至鎮江，鈕永建改任為第一任省府主席，迄至一九三一年三月以身心疲憊請辭主席職務，國府以鈕永建主持江蘇省政多年，辛勞備至，乃准其所請，而提升其為內政部長，半年後改調銓敘部長。

## 出任考試院代院長

一九三二年國府改組，鈕永建被選任為考試院副院長，迄至一九四一年轉任國府委員兼政務官懲戒委員會委員長，次年兼任銓敘部長。

一九四九年十一月國府遷臺辦公，考試院院長張伯苓未及撤離大陸，滯留天津，而副院長賈景德於同年秋應新任行政院院長閻錫山力邀改任行政院秘書長，考試院務無人主持，鈕永建被任命為代院長，迄一九五二年秋，政府人事傳出異動，鈕永建代理院務近三年之久，以健康日益衰退，乃萌退職讓賢，獲國府同意，旋蔣介石總統提名賈景德、羅家倫繼任考試院正副院長。

## 督率考院直接遷臺

一九四九年夏，國府南遷廣州辦公，考試院正副院長均離開南京，因鈕永建久任考試院各要職，熟悉業務，奉命暫時主持院務，鈕氏乃督率考試院同仁將案卷與圖書分別遷臺，未隨國府由南京遷廣州再遷重慶，多數考院職員未遭遷渝跋涉之苦，鈕氏之功也。

鈕永建中年以後曾兩任銓敘部長，一任副院長，達十年之久，代院長三年，共任職考試院十三年，可謂與考試院關係獨深。尤其值得稱道的是鈕永建在代考試院長期間，功績卓著，令人懷念其魄力與遠見。

## 遷址辦公舉辦高普特考

考試院遷臺之初，係暫借用臺北市孔廟為辦公室，鈕永建認有違體制，決定遷地辦公，乃積極在臺北近郊木柵溝子口覓得一萬六千餘坪旱田，以合法手續與地主簽定長期租賃契約，其所以選定此區者，以山區有洞多處，大者可容數百人，適合於防空之用，租金既廉，節省公費，又能確保同仁之安全，在建築辦公房屋時，同時為眷屬建宿舍，俾使同仁能安心工作。

又為解決同仁子女之之就學，籌建一所小學，校名原稱中興小學，一九六九年由臺北市政府接辦，改稱永建國民小學，蓋紀念鈕氏創校之功也！

大陸易權後，國府全面撤退來臺，當時人心惶惶，鈕永建期以考試院的功能來安定人心，其途徑莫如舉辦全國性的高、普、檢定考試為最具效果，仍命考選部積極籌劃，一九五〇年四月，舉辦在臺首次高普檢定考試，參加者七百餘，同年九月，舉辦全國性高普考試，參加者二千六百餘人，一九五一年，又舉辦一次檢定及高普考試，參加者增至三千餘人，鈕永建安定知識份子支持政府的心理，收效至宏，又曾辦行政、建設、技術人員特種考試卅二次之多，共錄取六千七百零一人，為國掄才，有功於國家之建設也。

鈕永建一向重視教育，來臺後曾大力協助江蘇省著名之私立強恕中學在臺北市復校，擔任首任董事長（後由陸軍一級上將顧祝同繼任），聘鈕長耀（國大代表、前江蘇省政府社會處處長）為校長，該校多年來培育人才甚多。

## 年邁辭世備極哀榮

一九五二年秋，鈕永建辭卸代院長職後，被聘為總統府資政，在臺北約住二年，以患病及兒女均在美國工作，乃赴美療養，並享受含飴弄孫之樂，身心愉快。

一九六五年十二月上旬肺炎復發，引發高燒不退，終因年邁回春乏術，延至廿三日與世長辭，享壽九十有六，夫人及兒孫均哀傷逾恆，消息傳至國內，朝野莫不痛悼，中國國民黨及國府在臺北市為其舉辦莊嚴隆重的追思大會，蔣介石總統特頒褒揚令，並親臨會場致哀，與會者三千餘人，永建先生身後備極哀榮。

（《世界日報》，二〇〇七年廿日—廿二日）

# 居正不平凡的一生

居正，字覺生，別號梅川居士，湖北廣濟人，一八七六年（清光緒二年，民國前卅六年）生。一九五一年（民國四十年）逝世於臺灣。

## 赴日留學參與革命大業

居正出身於務農小康家庭，七歲啟蒙，由叔祖教讀，十五歲習作八股文，擬循科舉入仕，但連年應試不中，甚感憤恚；乃決志遠遊，一九〇五年，東渡日本，抵東京後，剪辮易西服，考進法政大學預料，旋加入同盟會，一九〇七年，預科畢業，考入日本大學法學部，同年底革命黨人在河口起義，居正聞訊趕往參加，起義失敗後，流亡海外，在新加坡、河內、仰光、香港等地辦報，並任主筆，鼓吹革命，頗受華僑重視。

一九一〇年夏，返東京，重回日本大學就讀，一九一一年十月，匆匆返國，由上海赴漢口，策動武昌起義，點燃革命火炬，不久南京光復。

## 民國成立任職時政府

其後各省紛紛通電支持革命，推翻滿清政府，十二月廿五日，孫文由美轉歐返國。同月廿九日，十七省代表集會於南京，推舉孫文為臨時大總統。

一九一二年元月一日，南京政府成立，孫文就任臨時大總統，居正被任為內務部次長，因總長程德全未就職，居正暫代部務，四月孫文辭大總統職，居正暫代部務，四月，孫文辭大總統職，居正亦去職，八月孫先生應袁世凱邀請北上，居正隨同前往。

## 膺選國會議員負責黨務

一九一三年一月，北京政府舉辦國會選舉，居正膺選為參議院議員，一九一四年七月，中華革命黨在東京改組成立，居正率先入黨，並被任為黨務部長，一九一九年十月，孫文在上海宣告中國國民黨成立，居正被委任為總務部主任，次年夏孫文返廣州，一九二一年五月，成立軍政府，就任非常大總統，居正被任為總統府參議，一九二二年，孫文任命居正為內務部部長，一九二四年一月，中國國民黨第一次全國代表大會在廣州舉行，居正當選為中央執行委員，進入黨的核心，一九二八年春，居正東渡日本訪問，同年初夏返國，在上海為各報撰述政論，讀者回響甚多，又編行《清黨實錄》一冊，頗富史料價值。

## 主持司法業務貢獻卓著

一九三一年十二月，中國國民黨中執會選任居正為國府司法院副院長，翌年一月，中國國民黨中執會以司法院長伍朝樞辭不就職，居正被推為代理院長，並依法兼任最高法院院長，同年三月，中國國民黨中執會決議准伍朝樞辭職，推居正為司法院院長，迄至實行憲政，居正任職院長計十六年六個月，任內銳意改革司法，貢獻卓著，如：經費人事制度之建立、外國領事裁判權之廢止、法院素質之提昇、各級法院之增設、法官人才之培訓等方面為犖犖大者。

一九三七年春，居正北上就任私立朝陽大學董事長，聘張知本為校長，期使此一頗具歷史之培養法律人才學府能與司法革新工作相互配合。

一九四七年四月，國民政府為擴大基礎，重行改組，居正被選任為國府委員仍兼司法院院長。

## 行憲後參加總統競選

一九四八年三月，行憲第一屆國民大會於南京集會，主要的任務為選舉總統及副總統，親友及政壇人士敦勸居正參加副總統競選，居正以為當時競選副總統人士甚多，有李宗仁、孫科、程潛、于右任等，競爭激烈，而總統參選人僅有蔣介石主席一人（胡適曾婉拒蔣介石推荐其參選總統），為倡導民主風氣，避免同額競選，乃決意參與總統競選，中外報紙紛表讚揚，四月十六日，國民大會正式公告：「總統競選人名單：蔣中正、居正。」四月十九日，國民大會投票選舉，蔣獲二四三〇票，居得二六九票（得票數不少，頗出人意外），居正聞訊立即電蔣先生致賀，國人對其政治風度極為贊同；旋湖北省參議會票選居正為監察院監察委員，具見其頗孚人望。

同年五月，蔣介石總統就職，提名王寵惠為司法院院長，經監察院投票同意，七月一日王寵惠就職，居正始交卸長期擔任的院長職務。

## 未能任行政院長出人意外

一九四八年四月，國府遷至廣州辦公，五月八日，李宗仁代總統由桂林到廣州主持政務，同月卅日，何應欽請辭行政院長，次日李宗仁向立法院提名居正繼任，立法院立即行使同意權，當天出席委員僅三〇三人（行憲初期立法院有一千一百餘位委員），同意票只得一五一票，差一票未獲過半數同意，此為行憲以來總統提名行政院長首次被立法院否決，消息傳來，朝野咸表震驚。

## 居正未獲立法院同意之背景

綜合觀察當時政情，居正被提名繼任行政院長未獲立法院投票同意的主因如下：

（一）國府遷往廣州辦公後，立法院多數委員滯留南京，或赴港澳等地觀望時局發展，隨同國府赴廣州之委員僅有三百餘人，委員過少影響投票結果。

（二）桂系立法委員多人，隨李宗仁早已飛往桂林，未出席立法院同意權之行使，造成李宗仁提名之行政院長人選意外未獲通過。

（三）部分立法委員以居正為政壇「好好先生」，恐其擔任行政院長後，將事事聽命於李宗仁，乃投下不同意票。

（四）中國國民黨蔣介石總裁並不贊同居正出任行政院長，曾命秘書長鄭彥棻及秘書周宏濤往廣州遊說黨籍立委不支持此一提名人選，使得同意票未能超過半數。

## 追隨蔣總裁由渝飛臺

居正於一九四九年（民國卅八年）六月赴上海，八、九月間，國府遷往重慶辦公、居正奉蔣介石總裁之命，飛西昌、重慶，共商危局，研討對策，十一月廿七日，離渝東飛臺灣；翌年，在臺北按時出席監察院院會。一九五一年十一月廿三日夜，無疾而終，享年七十有六，各界對這位開國元勳之辭世紛表惋惜。

## 蔣介石有意由居正繼任監察院長

據聞居正在一九四八年當選監察委員後，蔣介石總統有意由居正繼任監察院長，但監院于右任院長向中國國民黨中常會表達欲留任之強烈意願，且剛當選監察委員中，多數為現任監委，新人甚少，對院長人選較為傾向于右任續任，蔣乃打消此一布局。

（《世界日報》，二〇〇六年十月廿九日至卅一日）

# 民國以來第一清官石瑛

數十年來，筆者參加同鄉聚會時，經常聽聞鄉長們回憶石瑛先生的往事，對他無不讚譽有加；近代史學者形容石瑛為「民國以來第一清官」，他確實當之無愧。

## 留學英法研習工程

石瑛，字蘅青，湖北省陽新縣人，一八七九年（清光緒五年，民國前卅三年）生，一九四三年（民國卅二年）辭世，年方六十有五。

石瑛生長於書香世家，自幼天資聰穎，舉止端正，由曾祖父及祖父教讀，及長至外塾受業，益加勤學，一九〇三年，參加鄉試，考中舉人，後入武昌新式學堂肄業，次年又考取兩湖總督張之洞舉辦之官費留學考試，一九〇五年春，西行赴法國，入海軍學校，因校方歧視外籍學生，頗受刺激，乃離校往英國，得吳敬恆氏的大力協助，申請進倫敦大學修習鐵道工程，對每一課程均認真研讀，成績優異，歷時五年畢業。

## 返國任孫大總統秘書

一九一一年秋，武昌起義成功，點燃革命火炬，國父孫中山先生自美抵英，宣揚中國革命要義，石瑛與吳敬恆隨侍左右；旋國父經法返國，十二月廿五日，抵達上海，次日前往南京，隨後石瑛、吳敬恆亦乘船東歸，同年年底抵南京。

次年元旦，臨時政府成立，國父當選臨時大總統，石瑛奉命任總統府秘書，甚獲器重。四月，國父辭大總統職，石瑛乃回武昌主持同盟會湖北支部，次年春，石瑛當選國會參議員，一九一三年，赴北平出席國會，發現袁世凱野心勃勃，國會議員亦水準不一，難以匡正政風，遂決心再赴英國深造，毅然辭卸議員一職。一九一四年，入伯明罕大學攻讀礦治，此次留英長達九年，學雜費用多賴打工收入及友朋接濟，每日以麵包充飢，生活艱苦異常，終於有志竟成，獲頒工學博士學位。

## 投身報國轉任公職

一九二三年，石瑛學成歸國，應蔡元培校長之聘，任北京大學工科教授；一九二七年春，北伐的國民革命軍攻佔上海，石瑛由蔣介石總司令任命為龍華兵工廠廠長，乃南下就職，致力革除積弊，短期內即生產倍增，對國民革命軍繼續北伐的軍火供應頗有貢獻。一九二八年，張知本出任湖北省政府主席，堅邀石瑛任建設廳長，石瑛就職後，本其學養於農工商水利各單位均打破舊習，開創績效；次年，石瑛辭官職，改就武漢大學教授，又應王世杰校長之請，籌設工學院並出任院長，充實設備，延聘師資，一一克服萬難，苦心擘劃，石瑛以工程專長親自主持實習課程，學子受益良多。

## 首都市長公私分明

一九三二年夏，石瑛之同鄉好友張難先出任浙江省政府主席，特邀石瑛任建設廳廳長，盛情難卻，乃辭教職赴杭州就任；旋於同年秋奉國府派任為南京特別市市長，在職近三年，政績卓著，其犖犖大者有：（一）培養守法習慣，（二）力戒奢侈風氣，（三）提昇國教水準，（四）重視市民生計，（五）加強稅捐稽徵，（六）充實公共建設。

最讓人欽佩的是，南京在石瑛大力整頓下，數年之間，市政品質躍居全國之首。而石瑛雖貴為特任首都市長，但其生活簡約，衣履樸素，布料均採用國貨，故有「布衣市長」之稱；又石瑛公私分明，非公務絕不乘坐市長轎車，亦不許家人乘坐，並嚴禁市府官員公務車私用，派警察在公共場所查察，贏得市民讚賞。

石瑛於市長任內，正值中日關係日趨緊張，一九三五年三月，行政院長汪精衛為親日派，曾有一日本議員團體來南京訪問，汪命市府科長級以上人員前往機場迎接，石瑛悍然抗拒，以此舉為辱國，並憤而辭職，國人知悉後，皆敬佩有加。

## 抗日救國降任廳長

同年七月，石瑛被任為銓敘部部長，兩年後卸任，人事法規逐漸齊備，人事制度邁入正軌。

一九三七年，抗戰軍興，湖北地處要衝，國府命六戰區司令長官陳誠兼任湖北省政府主席，再以石瑛任建設廳廳長，石瑛並不以身為政務官改任簡任官為屈就，乃欣然受命，時地方軍情緊急，公路建築，工廠學校遷移均迫在眉睫，石瑛籌劃指揮，夜以繼日，身心俱疲，次年秋，失眠症日益嚴重，不得不辭職易地休養。

## 主持湖北省參議會

一九三九年，湖北省臨時參議會在恩施成立，石瑛膺選為議長，以服務桑梓無法推辭，其主持議事不偏不倚，聲望崇隆，陳誠主席禮敬有加，視為畏友；一九四三年春，石瑛抱病主持會議歷時月餘，體力透支過多，又延遲就醫，同年七月，遽爾不治，消息傳出，後方同胞對這位儉樸、廉潔、幹練的清官辭世紛表惋惜不已。

（《世界日報》，二〇〇七年三月廿四日—廿五日）

# 沈鴻烈英勇故事

沈鴻烈，字成章，湖北省天門縣人，一八八二年（清光緒八年，民前卅年）生，自幼聰穎過人，在其父際昌自先生自設的私塾隨讀，督教甚嚴，及長赴京山縣新制學堂就讀，後受清末時局刺激，有感於強鄰相逼，決志研習軍事，報效國家，一九〇三年（民國前九年），考入武昌將弁學堂，越年進京考取官費留學日本（由湖廣總督張之洞保荐）。

## 官費留日入海軍學校

一九〇四年（民國前八年），赴日本，在東京透過革命黨人介紹加入同盟會，旋入海軍士官學校（依日本軍校學制，士官學校即為軍官學校），攻讀三年半畢業，再進海軍槍炮、魚雷兩校，各修業一年，復登日艦，出海見習半載，一九一一年（民國前一年，清宣統三年）春，結束學業，在日研習近七年，學識體魄均獲大進，沈鴻烈有感於國內革命情勢緊迫，乃兼程返國。

## 民國肇建任職東北

民國成立後，受黎元洪副總統之推薦，沈鴻烈任南京臨時政府海軍部參謀、科長，次年四月，被北京政府徵召任海軍艦隊參謀長；一九一六年，奉派赴歐洲觀察戰事，並在英國海軍艦隊觀摩巡航，後回任原職，旋兼陸軍大學海軍教官，一九二〇年，應張作霖力邀前往東北，先後出任航警處處長、航務局董事主席、海防艦隊司令，敘海軍上將銜，其間並創辦哈爾濱商船學校及葫蘆島航警學校，並擔任監督，沈鴻烈報國志業自此發軔矣。

## 轉任國府要職貢獻良多

一九三一年十一月，政府以沈鴻烈具有海事專長，任命他為青島特別市市長，並兼青島海軍學校校長（任內培植眾多海軍人才，如海軍名將馬紀壯①、劉廣凱②、宋長志③等均為其弟子），是為沈鴻烈由軍轉政之始；迄至一九三七年七月，抗戰軍興，奉命撤離青島，次年一月，轉任山東省政府主席，其後歷任農林部長（一九四一）、國家總動員會議秘書長（兼任，一九四二至一九四四年）、中國國民黨中央考核會主任委員（一九四四年），抗戰勝利後任浙江省政府主席（一九四六年），一九四八年，調銓敘部長，一九四九年年底，國府遷臺，辭職獲准，次年三月，蔣介石總統復職，獲聘為總統府國策顧問，此後定居臺中市，一九六九年辭世，享年八十七歲，終其一生文武兼資，大智大勇，備受各界推崇，足為青年之典範。

## 策反清軍立功民國

四十餘年前，筆者曾隨先父及幾位鄉長拜謁過這位鄂籍前輩，有幸親炙鴻烈先生風範，並聆聽其回憶留日學習海軍，返國參加光復南京戰役，赴東北主持江海防務及負責青島海校等往事；尤其是於辛亥年策動長江中下游水師反正，為民國創建立下一大功，更表現出他的智慧與膽識，令筆者留下深刻印象。

沈鴻烈於一九一一年六月，自日本返國抵上海，八月中旬，回到武昌，旋獲新軍協統黎元洪④（當時黎已傾向支持革命黨）之約見，黎囑沈鴻烈留鄂襄贊軍務，後任命他為水師統領，當時武昌水師僅有木製砲船十餘艘，戰力甚弱，而長江沿岸城市及南京仍為清軍控制，長江中下游有清艦艇十餘艘，多停泊於安慶蕪湖一帶，保持中立，心存觀望，有譽足輕重之勢；沈鴻烈乃請示黎元洪，以清艦艇如不歸附，則沿江要塞及航道難以控制，願支身冒險前往各艦勸進反正。

黎元洪表示贊同，並命其攜黎致長江水師提督薩鎮冰私函前往，沈鴻烈乃乘快艇真駛安慶附近江面之清軍水師旗艦，登艦說明來意，見甲板上水兵荷槍實彈，警戒森嚴，沈鴻烈昂首闊步，毫無畏懼，視若無睹，拾級而進入官艙，時薩鎮冰已率艦離去，由管帶黃鍾瑛（曾任南京臨時政府海軍部總長）接見，雙方寒暄畢，沈鴻烈出示黎元洪私函表達慰問之意，進而剖析局勢，分析利害，並允補發各艦官兵欠餉，語意懇切，而艦上官兵以薩鎮冰出走，群龍無首，處境困窘，經商討後決意與革命軍誠意合作，隨即取酒暢飲，原本緊張氣氛終告化解。

沈鴻烈返武昌不久，又奉黎元洪指示，前往九江敦請同盟會元老林森（字子超，後曾任立法院副院長、國府主席，一九四二年辭世）出馬，同往各艦策反，長江水師乃正式歸附革命黨陣營；旋沈鴻烈並應黃鍾瑛之邀留在旗艦上，共商立功之步驟，咸認革命黨如進攻南京，各艦當出師會攻。

## 佔領南京革命成功

同年十月初十夜，新軍武昌工程營熊秉坤開槍發難，官兵響應，南湖炮隊協同攻佔楚望臺，炮轟湖廣督署，總督瑞澂、統制張彪逃奔漢口；翌日晨武昌光復，黎元洪被推舉為鄂軍都督，消息傳來，水師大為振奮，黃鍾瑛乃連繫江蘇革命軍，洽商會攻南京，旋會同沈鴻烈領旗艦及艦艇三艘即刻火速啟航東下，配合江蘇新軍徐樹錚部，攻克慕府山砲臺，又合力猛攻獅子山砲臺，十二日午後佔領南京，革命黨陣營士氣大振。

## 亞洲第一個共和國誕生

此後，各省紛紛通電支持革命推翻滿清，十二月廿五日，孫中山（文）由美轉歐返國，同月廿九日，十七省代表集會於南京，推舉孫文為臨時大總統，一九一二年元月一日，孫先生就任臨時大總統，發佈開國宣言，頒定國號為中華民國，改元為民國元年，定都南京，並制定「中華民國臨時政府組織大綱」，籌組內閣，任命各部總長，亞洲第一個民主共和國於焉成立。

### 註釋

①馬紀壯，河北南宮人，青島海校畢業後，任職軍委會軍令部及軍事委員長侍從武官，抗戰勝利，曾奉派入美國邁阿密海軍訓練團，及關島海軍戰術學校受訓，後赴美接艦，返國後歷任我國海軍副長、艦長、艦隊參謀長、艦隊司令、海總副參謀長、參謀長、副總司令，一九五二年，升任總司令（接替調任總統府參軍長的桂永清上將），年僅四十一歲，一九五四年，調任國防部參謀次長、後升任副部長、旋調副參謀總長兼執行官（並晉升二級上將）、聯勤總司令，一九六五年回任副部長，卸除軍職後先後出任駐泰國大使、中國鋼鐵公司首任董事長、行政院秘書長及政務委員、總統府秘書長、亞東關係協會理事長及駐日本代表，退休後獲聘為總統府資政。

②劉廣凱，遼寧省人，青島海校畢業，曾入美國邁阿密海軍訓練團受訓，英國皇家海軍學院畢業，國防

研究院三期結業，歷任海軍副長、艦長、艦隊司令、海總署長、副參謀長、兩棲部隊司令、副總司令，一九六五年，升任總司令（原任總司令黎玉璽上將調任副參謀總長兼執行官），並晉升二級上將，後調國防部參謀總長特別助理、聯勤總司令、總統府戰略顧問等職。

③宋長志，遼寧省人，青島海校畢業，曾進美國邁阿密海軍訓練團及聖地亞哥海軍戰術學校受訓，英國皇家海軍學院畢業，國防研究院四期結業、歷任海軍副長、艦長、艦隊參謀長、艦隊司令、海軍士校校長、官校校長、海總參謀長、副總司令，一九七〇年，升任總司令（原任總司令馮啟聰上將調任國防部聯戰會主任委員），並晉升二級上將，一九七六年，升任參謀總長（接替總長任期屆滿調總統府戰略顧問的賴名湯上將），並晉升一級上將，一九七八年，調任國防部長（接替高魁元），卸除軍職後曾任駐巴拿馬大使，駐外三年請辭獲准，返國回任總統府戰略顧問。

④黎元洪，湖北黃陂人，清末曾任武昌水師提督、新軍協統，鄂軍都督，民國成立後，被選為南京臨時政府副總統，後出任北京政府副總統及總統。

（《世界日報》，二〇〇七年五月十九日—廿一日）

# 吳忠信人如其名堅貞重諾

中華民國開國元勳吳忠信，字禮卿，安徽合肥人，一八八四年（清光緒十年，民國前廿八年）年生，祖父吳永璧為鄉里士紳，在地方上甚孚人望，父吳繼隆經營商業，生子五人，吳忠信最幼，甫二歲父即逝世，七歲母又病故，自幼賴四位兄長撫養照顧，並由叔父出資接受正常教育。

## 清軍管帶秘密革命

一九〇一年，十七歲的吳忠信有感於清廷腐敗，喪權辱國，乃決心從戎，赴南京考入江南武備學堂，一九〇五年夏畢業，奉派赴鎮江招兵，旋被破格拔擢任江南陸軍第九鎮管帶（相當於營長）。

一九〇六年，吳忠信因楊卓林之介紹而加入同盟會，秘密從事革命工作。此後數年仍在清軍任職；一九〇八年先後調任執法官、參謀，次年江南陸軍舉行太湖秋操，吳忠信乘機聯合軍中革命同志於秋操時發難，並與自日本返國之革命黨人陳其美秘密聯繫合作，奈以清吏防範極嚴未果。

一九一一年（清宣統三年）秋，武昌起義成功，各地紛紛響應，吳忠信說服清軍統領徐紹禎反正，組織浙滬聯軍，會攻南京，吳忠信任兵站總監及總執法官，備極辛勞，頗有功績。

## 擔任首都警政首長

一九一二年（民國元年）元旦，中華民國臨時政府在南京成立，孫文就任臨時大總統，孫大總統任命吳忠信為南京警察總監，同年三月，孫文辭大總統職，四月，臨時政府北遷，黃興出任南京留守，仍請吳續任原職，六月黃興辭卸留守職務，吳忠信亦離南京赴上海，旋東渡日本，入政法大學就讀。一九一四年六月，中華革命黨在東京成立，吳率先加入，甚獲孫文總理器重，後經陳其美之介紹，與蔣介石結識，來往密切；吳忠信在日就讀四年畢業，旋返國抵上海，研究孫文之革命理論。

一九一七年夏，孫文在廣州組織軍政府，吳忠信奉召南下襄贊軍務，擔任支隊司令、獨立旅旅長，參與粵軍各戰役，戰功顯著。

## 任總指揮光復廣西

一九二一年五月，孫文在廣州就任非常大總統，下令滇黔湘贛四省聯軍討伐廣西陸榮廷部，吳忠信被任為總指揮，半年內光復全桂，孫大總統於十二月四日抵桂林，設立大本營，任吳忠信為桂林衛戍司令。翌年四月，吳忠信因腸胃疾病請假赴上海，後辭卸軍職。

吳忠信在上海治病痊癒後，即回蘇州自宅休養，以讀書為樂，如此生活連續三年餘。

一九二六年，國民革命軍底定江西，蔣介石總司令電邀吳忠信赴贛，聘其為總司令部顧問。次年三月，革命軍攻克上海，吳被任為江蘇省政府委員，旋調淞滬警察廳長，當時上海並無市府組織，警廳兼管市政事宜，在吳忠信從容擘劃下，半年內使上海恢復秩序，工商業亦重新正常營運。一九二八年春，吳忠信辭職獲准，與銀行家陳光甫等人同乘輪自上海赴歐洲各國觀摩工商建設實況，費時半載，收穫豐碩，返國後仍回蘇州自宅，專注於研究寫作。

## 主持皖黔兩省省政

一九三一年二月，監察院成立，吳忠信被選為監察委員，次年三月，安徽省財政拮据，各地土匪橫行，情勢嚴峻，吳忠信臨危受命，奉派任安徽省政府主席，為挽救桑梓，吳勉力以赴，然到任後，省縣各級行政官員，積習難改，遇事制肘。一九三三年五月，因積勞成疾，懇請辭職獲准，改派為軍事委員會南昌行營總參議。

一九三五年四月，吳忠信奉命出任貴州省政府主席，當時貴州財政艱窘，與吳初到安徽時情形相同，而地方貧瘠、交通困難又有過之，吳在任一年餘，興建川黔、湘黔、桂黔等公路，以加強對外交通，對職業教育與農村經濟亦多所改善。

## 任蒙藏委員長貢獻良多

次年八月，吳忠信調任蒙藏委員會委員長，任內曾派專使護送班禪返回西藏，並於一九三八年十二月，赴拉薩主持十四代達賴喇嘛坐床大典，吳居留西藏四月餘，設立蒙藏委員會駐藏辦事處，曾實地考察西藏全境，返抵重慶後，以此行經過撰述《入藏報告》一冊上呈國府，蔣介石委員長閱畢，肯定吳忠信此次遠行，有助於消除西藏與內地之隔閡及重振中央政府在西藏的聲望。

一九三九年六月，吳忠信向國府建議將成吉思汗陵寢自伊克昭盟遷移至蘭州興隆山，以避免日軍飛機轟炸。一九四一年十月，吳忠信代表蔣介石委員長飛往蘭州成吉思汗陵寢致祭，對於安定蒙古同胞的心理，很有幫助。

## 繼盛世才主政新疆

一九四四年九月，新疆省政府改組，吳忠信奉派繼盛世才出任主席（盛世才接受國府派令，赴重慶就任農林部長），吳偕省府委員周昆田等，十月三日飛抵迪化，十日正式就職，迄至一九四六年三月廿九日，新疆省政府改組，國府指派張治中繼吳出任主席。吳忠信主政新疆一年半，頗有所作為，其主要功績有：

（一）對南北疆均積極進行安撫及宣慰工作，防堵蘇聯染指新疆的野心。

（二）設置省參議會，網羅各族菁英分子，並壽設迪化、哈密、阿克蘇、莎車、疏府、和闐、焉耆七縣參議會，俾團結各族，謀求政治上之革新。

（三）舉行祭孔大典，傳揚中華文化，成立各族語文編譯館，編印書刊及編纂省通志，以溝通各族意識，闡揚新疆文化，回民頗感受到尊重。

## 助蔣復出力疾從公

一九四七年四月，國民政府改組，吳忠信膺選為國府委員，九月當選為制憲國民大會代表；一九四八年十二月，吳忠信被任為總統府秘書長，時蔣介石總統已決定引退，命吳負責慎重研擬總統引退之憲政問題及引退的適當時間。次年一月廿一日，蔣介石總統宣布引退，吳忠信即向李宗仁代總統堅辭秘書長。此後，吳忠信經常應中國國民黨蔣介石總裁之邀，往返於奉化溪口、南京、廣州、重慶，提供建言，是年底，李宗仁代總統已飛往美國，國府各機構均遷臺辦公，吳特向蔣總裁申言：「蔣公之是否復出，一切考慮都應以中華民國存亡為前提」，蔣頗表同意。

一九五〇年三月一日，蔣介石總統復行視事，吳忠信出任中央銀行常務理事、中國銀行董事，一九五二年七月，任中國國民黨中央紀律委員會主任委員（原任主任委員馬超俊請辭獲准），以維護黨紀，重振革命精神為己任。

吳忠信素患腸胃疾病，來臺後力疾從公，時常腹瀉不止，身體日漸衰弱，又不願就醫診治，一九五九年十二月十六日，因突發食道阻塞症，終告不治辭世，享年七十六歲。

## 一生效忠孫蔣兩公

吳忠信為人處世，一如其名，工作勤奮，從不敷衍塞責，當辦法未決定前，必徵詢各方意見，審慎考慮求其至當，一旦執行則堅定不渝，力求貫澈，吳一生追隨孫中山總理及蔣介石總裁，竭盡心力，每每為達成任務而從不言苦，效命赤誠亦從未改變，因而深獲孫、蔣二公之信賴與嚴重。

## 蔣、吳情厚義結金蘭

蔣、吳關係中值得一提的是一九二一年十二月底，回鄉督建母墳的蔣介石應孫文電召至桂林，協助籌劃北伐事宜，受到吳忠信等人的熱忱接待，蔣、吳相交甚久，彼此十分了解，蔣深感吳忠信多年來對自己的關心與協助，而為人忠厚、謙和且信守承諾，遂主動提出欲與吳換帖結拜為異姓兄弟，吳欣然同意，次年元旦，蔣、吳請來好友許崇智、胡漢民作證，正式結拜為金蘭兄弟，並請來攝影師在桂林軍營合影留念，傳為一段佳話。

一九二七年八月，蔣介石總司令被迫下野，國民革命軍北伐行動暫告停止，蔣赴上海向宋美齡求婚，宋母起初並不贊同，她的理由是蔣不信基督耶穌，且有妻室，蔣表示他願研究聖經，並接受基督教義，其後蔣在申報刊登離婚聲明：「毛氏髮妻，早經仳離，姚、陳二妾，本無契約。」其後終獲宋母同意，蔣宋於是年十二月一日，正式在上海結婚，成為轟動全國的新聞。

## 蔣將冶誠緯國托付給吳

蔣介石婚後，得張靜江資助，將陳潔如送往美國留學，又將姚冶誠及次子緯國托付給吳忠信，吳以兄弟情誼將他們母子帶往蘇州，安排住進自宅，負責照料日常生活，並請好友羅良鑒任蔣緯國的國文老師，後來姚在蘇州南園修建宅第，才搬出吳府，但仍經常走動，蔣緯國並拜吳忠信為乾爸爸，吳還安排每週由管家護送蔣緯國去上海及南京，與蔣介石團聚，蔣偶爾也會至蘇州看望蔣緯國及姚冶誠。

蔣介石對吳忠信在其為難時的幫助與吳家對姚冶誠蔣緯國母子的照料，十分感激，故而對吳家也以深情回報，視吳家子女如同己出，並認吳的大女兒馴叔為乾女兒，對吳一家關懷備至。

## 兩代交好互相照顧

抗戰爆發不久，蔣、吳兄弟情誼更為加深，當上海淪陷，蘇州亦陷於危險，蔣介石委員長特派專機將吳忠信全家及姚冶誠、蔣緯國接至貴陽，後又定居於重慶，分別與蔣之官邸比鄰而居；一九四二年，陳潔如自美國返上海，輾轉來到重慶，蔣將陳潔如秘密安置在吳忠信的家中，託吳照料，吳家待之如同家人，蔣對吳忠信這位盟弟衷誠感動。

吳忠信在臺北病逝後，蔣介石總統不僅親自參加追悼會，並到吳府安慰其家屬，而且還命蔣經國為治喪會總幹事，負責主持吳的治喪事宜。

數年後，吳忠信的夫人王惟仁去世，安葬時本已刻好「吳太夫人王氏惟仁之墓」墓碑，蔣介石到墓地致意時看到，即令撤去，親筆署「嫂夫人王氏惟仁之墓」取代，從而顯現蔣、吳兄弟感情之深厚。

此後，蔣、吳兩家後代仍時有來往，互相照拂。一九八〇年初，當吳忠信的長子吳申叔與妻子（即名影星王莫愁）離異，且又患病不輕，無力撫養兒子時，蔣緯國就將其子接回自己家中撫養，並對吳申叔多所接濟與安慰，這也算是蔣緯國對當年吳家對自己的撫養恩情的回報吧！

（《世界日報》，二〇〇七年八月廿八日—九月二日）

# 馬超俊畢生奉獻黨國

## 自幼失怙姊助留學

馬超俊，字星樵，廣東臺山人，出生於一八八六年（清光緒十二年，民國前廿六年），幼年失怙，賴母親黃氏辛勞撫養成長；一九〇二年獲旅居美國加州之大姊及姊夫資助，乘輪赴美，在舊金山華埠半工半讀，在美第二年（一九〇四年），孫文抵美西宣傳革命，由致公堂僑領黃三德介紹，馬超俊首次謁見孫文，甚獲孫之鼓勵；次年夏，馬超俊為增進學識，轉赴日本入明治大學法科研讀，曾多次在東京與孫接觸，益增「必須推翻滿清，才能救中國」的信念，旋經溫炳巨、陳澤景推荐，宣誓加入同盟會。

## 奉孫文命返國革命

一九〇七年春，馬超俊奉孫文之命返國，往返香港、廣州、上海、武漢等地，策動革命黨人起義，並先後參加鎮南關、黃花岡諸役，輒奮勇爭先，不畏危難。

武昌起義後，馬超俊率敢死隊苦守漢陽兵工廠，待彈盡援絕，才突圍至武昌，此時正值清廷長江水師提督薩鎮冰率艦砲轟民軍，湖北都督黎元洪擬修書給薩，希能曉以大義策反之，馬超俊乃臨危受命，冒險攜函登艦，薩鎮冰閱後為之動容，其立場因而動搖，武昌得以保全，馬超俊為開國立下一大功。

## 民初負責勞工運動

民國肇造，一九一二年元旦，中華民國臨時政府在南京成立，孫文獲各省代表推選為臨時大總統，四月功成身退，辭大總統職，袁世凱在北京繼任大總統，馬超俊見政局混亂，南北統一無望，乃暫赴上海閉門讀書。

一九一七年七月，馬超俊奉孫文電邀南下廣州，命其負責全國勞工運動之重責，馬超俊欣然接受，先後創立南洋煙草公司工會、中國機械總工會，並組織各地方工會，灌輸工人革命思想，一九二〇年廣州港埠工人罷工及一九二二年香港海員大罷工，均為馬超俊所策動，獲致圓滿結果，馬超俊在黨內聲望大為提升，乃成為當時勞工運動之專家與領袖也。

## 赴北美考察工運兼理黨務

一九二四年歲末，馬超俊奉命赴美加兩國考察工運，並負責北美地區黨務，聯繫海外華僑；一九二七年返國參與清黨工作，被任為國府勞工署署長，次年轉任廣東省農林廳廳長（後改制為省建設廳，仍留任廳長職），旋被選為工人代表，赴瑞士日內瓦出席國際勞工會議，會後考察歐洲各國工會運作情況。

國府於一九二八年十月，實施訓政，中央設置五院，政府並進行改組，胡漢民為首任立法院院長，力邀馬超俊任立法委員，馬超俊曾多次謙辭，至次年秋始赴南京立法院報到。

一九三〇年，馬超俊應中國國民黨派任為中央訓練部部長，在任僅六個月，曾自謙並無績效可言。

## 任首都市長政績卓著

一九三二年一月，馬超俊出任首都南京市市長，同年秋去職（由浙江省建設廳廳長石瑛繼任），一九三五年被提名為國民政府委員，四月復任南京市市長，在職近三年，市政建設頗有政績，施政重點有：

（一）組訓市民，以備抗日戰爭爆發後，協助國軍作戰。

（二）對青年施予軍事訓練，共有五萬人受訓完成，充實作戰人力之需求。
（三）組織碼頭工會，防範共黨分子滲透。
（四）擴大中小學容量，並推展成人讀書運動，提升市民素質。
（五）修建市區道路，並打通隧道，完成京杭國道工程。

## 文物西遷獲蔣稱許

一九三七年十一月，日軍攻陷南京城前夕，馬超俊才離市府，轉往漢口，擔任難民救濟工作，馬超俊在離開南京前半年內，為保全歷史文物，曾竭盡全力將故宮文物千餘箱分批安全西遷後方，頗獲蔣介石委員長稱許。

國府遷都重慶後，行政院增設社會部，馬超俊被派為政務次長（部長為谷正綱）；一九四〇年，馬超俊改調中國國民黨中央組織部副部長，當時組織部長朱家驊兼職甚多（原任部長陳立夫接任教育部長），部內業務多賴馬超俊辦理。

一九四四年，國府主席蔣介石（林森主席已於上年病逝）號召知識青年從軍，馬超俊奉派往成都、恩施等川鄂各地學校，向學生演講，鼓勵青年棄文從戎，報效國家，學生聽聞後嚮往者甚眾。

## 三席出任南京市長

一九四五年八月，抗戰勝利，九月國府發表馬超俊為南京市市長（此為第三度出任南京市市長），各部會由渝遷移至寧，工作極為艱巨，均由馬超俊一一解決；次年年底，馬超俊改調中國國民黨中央農工部部長，一九四九年十二月初，馬超俊奉命飛往成都晉見蔣介石總裁會商危局，同月十二日，馬超俊隨蔣介石由蓉安全飛返臺北。

## 晚年與蔣宋關係密切

一九三九年初，馬超俊由中國國民黨中央評議委員轉任中央改造委員會紀律委員會主任委員；同年三月一日，蔣介石復職任總統，行政院隨即改組，由東南軍政長官陳辭修（誠）任院長，蔣介石請馬超俊任僑務委員會委員長，馬超俊堅持婉拒，並推荐鄭彥棻出任，因陳誠院長有不同意見，改由外交部部長葉公超兼任，鄭彥棻則調中國國民黨中改會第三組主任（主管華僑與海外業務）。

馬超俊及夫人沈慧蓮來臺後，與蔣介石、宋美齡關係密切，交往甚多；一九七七年，馬超俊先生安詳辭世，享年九十有二，蔣夫人宋美齡極感傷痛，黨政界人士及海外華僑紛表哀悼，並讚譽其畢生對黨國的貢獻與功績。

馬超俊對勞工問題素有研究，著有：《中國勞工運動史》、《比較勞工政策》等書，史料完備，立論精闢，其畢生功力盡瘁於此。

（《世界日報》，二〇〇八年三月廿八日—卅日）

# 王雲五屆就考試院副院長經緯

一九五四年五月，蔣介石就任第二屆總統，同年夏，國府已著手高層人事之安排。當時，陳辭修（陳誠）已就任第二屆副總統，免去行政院院長一職，蔣介石總統乃提名俞鴻鈞（時任臺灣省政府主席兼中央銀行總裁）為行政院院長，經立法院院會通過後，正進行內閣之改組。

## 王雲五因係粵籍改任副院長

當時國府五院之中，司法院院長王寵惠未異動，立法院院長由立委選出張道藩為院長，監察院亦由全體監委選擇于右任續任院長，而考試院因院長張伯苓滯留天津未來臺，副院長賈景德於一九四九年夏，又應邀出任閻錫山內閣之副院長（原副院長朱家驊辭職），亦已離職，鈕永建奉派代考試院院長，一九五三年在主持三年院務後辭職奉准，赴美依親定居，至此考院已群龍無首年餘，必須早日決定正副院長人選。

按照憲政慣例，總統對五院首長之徵詢應先對擬議中的院長為之，但此次考試院改組，總統卻先向副院長人選王雲五進行徵詢，總統府張岳軍（群）秘書長奉命擔任徵詢任務。

據王雲五透露，岳公秘書長曾對他說，蔣介石總統原本頗欲以王雲五為院長（王氏在民間及政界聲望均高），嗣經考慮，以當時五院院長中，除立法院院長張道藩為貴州籍、監察院院長于右任為陝西籍，而行政院院長俞鴻鈞及司法院院長王寵惠（後因年邁請辭，由總統提名由副院長謝冠生繼任）均屬廣東籍，如果加上王雲五（屬廣東籍）為新任考試院院長，則五院中有三位院長為粵籍，在「平允分配原則」下殊有不妥，蔣介石總統卒決定以東北籍元老莫柳枕（德惠）為院長人選，而以王雲五副之。

## 王雲五受蔣介石感召接受任命

蔣介石總統為此事，特囑張群向王雲五說明，並轉達（蔣）深知王之為人：「重實而不重名，重任事而不重做官」，王雲五聽畢，甚感蔣介石之知遇，並正為人事操勞，乃「未敢謙辭」；經即商定，由王雲五陪同張群，前往天母莫柳老住所，徵詢意見。

三人晤談之初，莫德惠尚表示謙辭，王雲五即協助張群力為勸駕，莫德惠改口答應，惟表示一切要靠雲五先生協助，始敢承擔此一重任。

王雲五當即表示，院中人事與用錢（經費）由柳老主持決定，但對於考銓政策，則願盡心相助，多負責任，考試院正副院長人選乃告確定。

由此次考試院正副院長之徵詢過程，具見蔣介石總統對高層人事運作過程之細膩與考慮之週延，不得不令人佩服。而王雲五因「省籍」因素，屈就考試院副院長，亦時也命也。

（《世界日報》，二〇〇七年七月卅一日）

## 附：王雲五屈就考試院副院長經緯補遺

拙作《王雲五屈就考試院副院長》一文，曾蒙貴報刊載於七月三十一日「上下古今」版，甚為感謝。近再閱自作，發覺所寫有一處錯誤，另有一處有所遺漏，因為事關民國史實，經查考史料文獻後，特補述如下，尚祈讀者指教。

一、一九四九年夏，因考試院正副院長張伯苓與賈景德（係接任閻錫山內閣秘書長）均離職，鈕永建奉派代考試院院長，率全院同仁遷臺。一九五三年春，鈕在主持三年餘院務後，因病辭職獲准，考試院首長任期（與正副總統任期六年相同）尚有一年餘。

蔣介石總統為避免考試院群龍無首，乃補提名賈景德（曾任考試、行政兩院副院長，山西籍元老）及羅家倫（曾任國立清華及中央大學校長、駐印度大使）為考試院正副院長，經監察院行使同意權後，正式就職。

賈、羅二氏直到次年（一九五四年），任期屆滿卸職，由總統提名莫德惠、王雲五繼任考試院正副院長。

二、。蔣介石總統在進行徵詢副院長人選王雲五時，曾囑總統府秘書長張岳軍（群）向王雲五說明，並轉達（蔣）原本欲以王雲五為院長人選，主要係由於王主持商務印書館多年，頗具企業經營長才，在政府中又曾擔任財經二部部長、國府委員、行政院副院長（張群組閣時），聲望崇隆。

惟當時五院院長中，新任行政院院長之俞鴻鈞，及連任司法院院長之王寵惠，均為粵籍，如果加上王雲五（亦屬粵籍）任考試院院長，則五院中有三位院長為廣東人，在考慮省籍平衡分配原則下，並不恰當，故決定提名東北籍元老莫柳忱（德惠）為考試院院長，而請王雲五「屈就」副院長。

（按：王雲五於一九五八年，受行政院兼院長陳誠之力邀出任行政院副院長，一九六二年，辭職，受聘總統府資政，一九六四年，接任臺灣商務印書館董事長，兼任故宮博物院管理委員會主任委員、中山文化基金會董事長、中華文化復興推行會副會長，並為歷次國民大會主席團主席，一九七九年八月十四日，辭世，享年九十一。）

（《世界日報》，二〇〇七年八月十五日）

# 現代文官制度的奠基者：戴傳賢

戴傳賢，字季陶，筆名天仇，四川廣漢人，一八九〇年（清光緒十六年，民國前廿二年）生，先祖原籍浙江吳興，於清乾隆末年自浙入川，經營窯磁業，父小軒公以中醫行世，樂善好施，家境小康。

## 赴日留學入日大法科

戴傳賢四歲認字，七歲入私塾，一九〇二年，考入成都東遊預備學校，開始習日文及數理學科，因聰穎好學，知識猛進。

一九〇五年春，戴傳賢得長兄戴傳薪賣田地籌集資金之助，沿江東行至上海，同年秋乘輪赴東京，入學日本大學法科，因在國內日本語文已奠定良好基礎，又認真苦學，故在校四年成績甚佳。

戴傳賢秉性開朗忠厚，留學時期結識中日同學頗多。一九〇八年，與胡正之（霖）、王用賓等聯合在日本各大學肄業之中國留學生千餘人組織同學會，其領袖才幹由此展現。

旅日不久，戴傳賢認識了蔣介石，兩人一見如故，並義結金蘭，結為生死之交。

## 返國進報館宣傳革命

一九〇九年夏，戴傳賢學成歸國，回到上海，任職上海日報，後應徵天鐸報（上海地區知識份子人手一份）為編輯，獲社長陳訓正（陳布雷之大哥）的提攜，旋躍升總編輯，以「天仇」為筆名撰寫社評，詞鋒犀利，言論煽動，宣傳革命思想，次年，遭清廷官吏之忌，欲加緝捕，乃亡命出國至馬來西亞檳榔嶼，任僑辦光華報主編，鼓吹革命更力，並加入同盟會。

## 謁見孫文奉派北上

一九一一年十月，武昌起義成功，旋上海光復，戴傳賢聞訊立即乘輪返回上海，戴首次謁見孫文；次年三月，袁世凱獲選繼孫文為臨時大總統，孫文特派專使團北上，迎袁南下就職，戴傳賢為選派代表之一，此為他受孫文賞識之始。

戴傳賢到北京見過袁世凱後，即認定袁必有異謀，乃漏夜獨自趕返上海，突聞袁唆使部隊在北平兵變，藉故拒絕南下，戴遂與友人創辦民權報，領導倒袁輿論，甚受讀者欣賞。

## 任孫文秘書隨孫東渡

一九一二年九月，北京臨時政府邀孫文任全國鐵路督辦，孫派戴傳賢為機要秘書，乃兼主民權報筆政，此後每日追隨左右，記錄孫文之言論，甚受孫之器重。

一九一三年二月十一日，戴傳賢隨孫文東渡，與日本實業界研討鐵路興建計劃，廿五日，戴隨孫回滬，旋討袁軍興，戴奉孫之指示奔走南京、上海之間，並赴瀋陽密謀奉軍起義反袁，未成被迫南下，次年十一月孫文又東渡日本，戴亦相從。戴傳賢此次隨孫文旅居日本二年餘，與日本朝野名流時有交往，贏得日方廣泛友誼。

一九一七年三月，戴隨孫文返回上海，仍追隨左右，九月，孫文在廣州成立護法軍政府，並獲非常國會選為大元帥，戴傳賢奉派為大元帥府秘書長，兼法制委員會委員長，後又兼外交部次長；次年四月，孫文辭大元帥職，離粵赴滬，戴亦隨行。

## 任黨中央及軍校要職

孫文此次返滬後，決心暫時擺脫政治活動，專注於著述，以闡揚革命理論，戴傳賢亦移家至浙江吳興原籍，效法孫文專心讀書撰文，並創辦建設雜誌及星期評論，如是有三年之久，至一九二一年夏，又往返滬、穗兩地，追隨孫總理，恢復其政治生涯。

一九二四年一月，中國國民黨在廣州舉行第一次全國代表大會，戴傳賢獲選為中央執行委員，二月初，任命為中央宣傳部部長，旋又奉命兼任黃埔陸軍軍官學校政治部主任，在中宣部長任內創辦中央通訊社，被視為極有遠見的作為。

同年十一月十二日，孫總理自粵取道上海經東京轉赴北平，戴傳賢隨往，次年（一九二五年）三月十二日，孫總理不幸病逝，戴傳賢隨侍在側，為國父遺囑九位簽證人之一。

綜上所述，自一九一二年（民國元年）秋，戴傳賢任孫文機要秘書起迄至一九二五年三月，孫文逝世止，始終追隨左右，倍受倚重。

## 南下廣州主持中山大學

孫總理逝世，戴傳賢哀傷萬分，乃返回上海，致力於學術研究，至同年底完成《孫文主義之哲學基礎》及《國民革命與中國國民黨》兩書，指出國共兩黨思想的區別，黨內同志奉為主臬，戴也被視為革命理論權威，以上兩書在國內流傳甚廣，受到各界普遍讚譽。

一九二六年九月，戴傳賢應張靜江、譚延闓等之堅邀，南下至廣州，就任由廣州大學改組之中山大學委員長（顧孟餘為副委員長），大力改革學制、改善學風，次年五月，中山大學改委員長制為校長制，七月戴傳賢任校長（朱家驊為副校長），同年十二月，共黨份子在廣州暴動，中山大學校園遭到波及，戴深感痛心，反共意識更為強烈；迄至北伐攻克華中一帶，國民革命軍蔣介石總司令曾數度邀戴赴南京，共商政局。

在擔任中山大學委員長期間，戴傳賢曾奉中國國民黨之命，赴日宣傳國民革命軍北伐的真意，並婉勸日方朝野放棄對外使用武力的意識，共停留近二月，返回國門，即趕撰《日本論》乙書，期使國人瞭解日本對外侵略擴張的企圖。

## 任考試院院長近廿年

一九二八年秋，國民革命軍攻克河北，北平光復，全國統一，國府實施訓政，並遵循五權憲法遺教，施行五院制，戴傳賢被選任為考試院院長，十月十日，宣誓就任，從這時開始，戴擔任此職近廿年（共十九年七個月），是五院院長中任職最久的一位。（其次，為司法院院長居正，任職達十六年六個月）

經過年餘的籌備，一九三〇年一月，考試院與所屬部會正式成立，戴傳賢仍兼任中山大學校長，故常須南下主持校務，至同年十月，奉准辭卸校長兼職，此時中山大學已在戴傳賢主持之下，奠定穩定的基礎；戴從此專注心力於院務，而首要任務為制定考銓法令規章。

一九三一年七月十五日，第一屆全國高等考試在南京舉行，這不僅是考試院的大事，而且是廢科舉後，將古代考試制度傳統適應近代需要的首次嘗試，透過這一次的經驗後，戴傳賢深感要使考試制度日趨完善，必須將學校教育與政府之考試互相聯結，而改良專科以上教育的內容，確立學位制度尤為大前提。

## 派任特種外交委員會委員長

因中國統一引起日、蘇兩大近鄰的憂慮，一九三一年九月十八日，日本軍閥竟發動瀋陽事變；為因應此一變局，國府即設立特種外交委員會，派戴傳賢任委員長，宋子文為副委員長，顧維鈞為秘書長，施肇基、顏惠慶等人為委員，全國外交人才聚集一堂，會商對外關係因應之道，研討長期外交政策方向，經數月的密集討論，完成一份極有前瞻性建議的報告，上陳中央政治會議，並經同年十一月十二日舉行的中國國民黨第四次全國代表大會通過。

## 文官制度逐漸奠基

一九三三年十月廿日，第二屆高等考試在南京、北平兩地舉行，使各省市國人可就近報名參加，各界認為係考政一大進步。

一九三四年十月一日，在戴傳賢的建議下，國府召開全國考銓會議，中央五院及考選、銓敘兩部及各省市代表一百六十餘人出席，集會一週，通過下述重要提案：（1）高等考試分區舉行，（2）偏遠地區及蒙藏新疆等地應考人應從寬錄取，（3）考銓機構之組織及人事法制化等，這些措施的實施對爾後人才培育與國家發展均有助益。

此後數年考試院院務在戴傳賢的卓越領導下，大多已步入正軌。一九四〇年三月五日，考試院舉行中央人事行政會議，次年一月人事行政訓練所成立，而同時高等與普通考試亦分別在全國各地區舉行，考試及格者一律入中央政治學校受訓，受訓期滿才發及格證書，並分發各政府單位服務，我國文官制度乃逐漸奠定基礎，戴傳賢的貢獻亦贏得國人的普遍肯定。

## 重視體育與青少年活動

戴傳賢一向對國民體育、青少年課餘活動極為關注，他認為這都是教育的重要環節。一九三〇年四月一日，第一次全國運動會在杭州舉行，國府特派戴傳賢為會長，一九三二年四月，戴又被選為中國童軍總會副會長。

一九三六年夏，第十一屆世界運動會由德國舉辦，戴傳賢奉派為政府代表，他於五月自上海乘輪赴歐，先在各國遊覽，七月底，抵達柏林，參加八月一日之世運開幕式，三週後離開德國轉往法、義及瑞士參訪數所著名大學，九月中旬返抵南京，此次歐陸之行長達四個月，戴向友人表示收穫豐碩。

## 步入中年健康出現問題

戴傳賢中年以後，罹患嚴重失眠症，經常無法入睡，長期服用安眠藥，引發不良副作用，如神經痛、精神衰弱、意識不集中、心情憂鬱、免疫力降低等，至抗戰末期，戴傳賢的神經痛越來越劇烈，情緒更陷於低落。

一九四五年八月，日本向同盟國投降，戴正請病假療養中，不僅毫無喜悅之情，而大後方政風不佳，民情倦怠，黨內同志拖延改革，高層領導無方，共黨份子亦乘機擴張勢力，戴傳賢因而憂心忡忡，恨自己老病，無能為力來挽救國家之危局，故其病情更形嚴重。一九四六年春，戴傳賢腹部至股際長出膿包多處，曾在上海醫院四度施行手術，至四月底，由醫護人員護送飛往南京，又經月餘休養始漸能行走，恢復到院上班。

一九四七年三月，中國國民黨舉行第六屆三中全會，戴傳賢因心臟衰弱，曾在會場一度暈倒，蔣介石總裁至表關切，安排其即赴上海，請各科名醫診治，至六月，病情略有改善，堅持回南京主持院務，旋接印度德里大學來函，邀請其赴印度接受榮譽文學博士證書，戴因病未克前往。

一九四八年五月，我國實施憲政，戴傳賢以久病力辭考試院院長職獲准，蔣介石總統提名張伯苓（南開大學校長）繼任；同年十月蔣介石總統特任戴傳賢為國史館館長，戴勉力就職。

## 服安眠藥過量而不起

同年年底，因國共內戰激烈，時局動盪，戴傳賢乃攜眷南飛廣州，此時戴之病情起伏無常，次年（一九四九年）初，正擬作回四川休養之計，突於二月十一日深夜，因服用安眠藥過量而離開人間（亦盛傳戴係自殺身亡），享年五十九歲，四月國府依其遺言，將戴傳賢遺體運往成都安葬，並舉行隆重喪禮。

## 季陶先生精神不死

戴傳賢於中國大陸淪陷前夕，不忍親見中華民國之敗亡，捨身而去。蔣復璁（曾任中央圖書館館長、故宮博物院院長）讚曰：「以慈悲的仁愛之心發為大力，了卻死生，以報國家，報在天的國父，報我總統……季陶先生精神不死」，陳立夫（曾任教育部長、立法院副院長，為黨內CC派領袖）亦稱許曰：「季陶先生在緊要關頭，能信守原則，發揮他的浩然之氣」，復璁先生、立夫先生兩人說得都很貼切。

（《中外雜誌》，二〇〇八年十一月）

# 軍事教育家萬耀煌將軍

## 傑出之軍事教育家

早歲參加反清革命陣營，為民國開國元勳之一，在辛亥首義、倒袁、北伐、剿匪、抗戰等諸役中，率軍轉戰南北，功勳彪炳，從學兵一路晉升至上將。

他曾主持中央陸軍軍官學校、陸軍大學、中央訓練團及革命實踐研究院，培養黨政軍幹部無數，績效卓著。

抗戰勝利後，萬耀煌主政湖北，對省政建樹亦多。其畢生事蹟胥與民國以來動盪之大局有關，洵為近代中國重要的軍政耆宿，亦為中國傑出之軍事教育家。

萬耀煌為先父最敬佩的老師，又是先父之鄉長，先父在前述各院校受訓時，常獲他老人家的教誨訓勉，受惠良多，終身受用不盡。筆者在幼年時，即常聽先父講述萬耀煌的事蹟。

歲月匆匆，耀煌將軍瞬已辭世近三十年，爰就個人所知，簡述其不平凡的一生，敬誌追思與懷念之忱。

## 保定軍校及陸軍大學畢業

萬耀煌，字武樵，一八九一年（清光緒十七年，民國前廿一年）生，湖北黃岡人。萬氏祖先，累代以科第顯達，詩禮傳家，素為鄉里所稱道。

萬耀煌少有大志，負笈武昌攻讀，時值清政府腐敗，喪權辱國，乃興從戎救國之念，十七歲進湖北陸軍小學，後入陸軍第三中學，因成績特優，一九一一年（清宣統三年）保送升入保定軍官學校第一期就讀。

辛亥革命首義，南下參加黃興先生戎幕，於漢口、漢陽諸役，不畏艱困危險，初露頭角，亦因黃興之介紹，加入國民黨。迨清帝退位，民國建立，乃北上繼續完成保定軍校學業，接受完整之新式教育（在校二年整，再加上入伍半年，見習半年，共計三年。）

畢業後，曾先後參加倒袁運動及荊襄自主之役，其智勇雙全之表現，頗受各方重視。

一九一六年，為增進軍學基礎，考進陸軍大學深造，苦讀近三載。

## 投效革命軍戰功卓越

一九一八年，萬耀煌返鄂，任職省府，對地方建樹多所襄贊；一九二三年，應鄂軍之徵召，為團長、參謀長，協助夏斗寅整頓部隊。

一九一六年底，萬耀煌投效國民革命軍，任十三師旅長，獨立第二師副師長、師長，越年，接任二十七軍副軍長兼六十五師長，歷經援龍潭之役。

北伐時期，曾參與攻克滁州、蚌埠、徐州、濟南、滄州、天津各役，及西征討馮之役，無不所向有功，戰果豐碩。

## 升任軍團長用兵出奇制勝

一九三四年，升任二十五軍軍長，轉戰河南、湖北、江西、陝西，進剿共軍，用兵常出奇制勝，頗為當時友軍稱道。

一九三六年冬，軍事委員會蔣委員長蒙難西安，萬耀煌適奉召述職，亦隨遭羈禁。次年，抗戰軍興，奉派防守滬西戰線，率部浴血奮戰月餘，達成戰略任務。

後受三戰區司令長官顧祝同之邀，兼任戰區（時三戰區司令長官由蔣公兼任）參謀長。

一九三八年六月，奉調升十五軍團軍團長，並晉升陸軍二級上將，率部轉進湖北，兼任武漢衛戍副總司令，協贊總司令陳誠（時任六戰區司令長官）策劃大武漢之保衛事宜，萬耀煌均能克盡職責。

## 任陸大及軍校教育長有年

一九三八年底，日軍侵佔華中，蔣委員長以抗戰進入長期「持久戰」，各級軍事幹部之培訓至關急務，而主事者必得其人，萬耀煌蒙蔣公先後畀任軍委會將官訓練班主任（一九三八年）、軍官訓練團副教育長（一九三八年）、陸軍大學教育長（一九三九年）、中央軍官學校教育長（一九四二年），其團長、校長皆由蔣公自兼，萬耀煌實負其責，八載之間，造就人才甚眾。

## 主政湖北績效卓著

一九四六年四月，萬耀煌出任湖北省主席，時值復員未久，地方凋殘，百事待興，對接收農工建設、教育改革、人口調查及財政整頓等皆全力推動，而行憲國大與立委選務工作，亦均圓滿達成。

然省政工作諸煩籌慮，不免有心力交瘁之慼，一九四八年夏，請辭獲准，奉內調為總統府戰略顧問，地方人士頗表惋惜，同年九月，奉命任中央訓練團教育長。

## 出任黨職及主持黨的訓練機構

一九四九年六月，中國國民黨蔣介石總裁，在臺北召開軍事會議，萬耀煌奉蔣公指定參加，會後派任為中央幹部訓練委員會主任委員，旋參與籌辦革命實踐研究院（其他籌備委員有王東原、張其昀、王世杰、谷正綱、孫立人等），同年奉蔣介石總裁兼院長任命其為院務委員兼主任，實際負責院務，召訓全國黨政軍幹部，夙夜匪懈，達成訓練使命。

至一九五三年夏，萬耀煌主持了四年的院務，精神與體力消耗過鉅，乃向蔣介石請辭獲准，奉聘為總統府國策顧問及中國國民黨中央評議委員，從茲野服閒身，每日以讀書怡情養性，文武學生及舊屬常面請教益，萬耀煌均樂為接見交談，故心情常保愉快。

## 接受中研院口述歷史採訪

一九五二年，萬耀煌應中央研究院近代史研究所之邀，為口述歷史計畫之受訪人，接受訪問共四十次，歷時七載，由名史學家沈雲龍教授任訪問人，所長郭廷以教授校閱全稿，一九九三年，出版《萬耀煌先生訪問記錄》一鉅冊（厚達五六九頁），講述其一生之經歷，為中國近代史留下珍貴史料，極受各方重視。

耀煌將軍體質素佳，晚年在夫人周長臨女士辛勞照顧之下，身心安適，精神矍鑠，一九七七年六月三十一日安詳辭世，享受八十有八。

（《世界日報》，二〇〇六年九月一至二日）

# 朱家驊：學人從政典範

## 幼讀詩書、決志向學

朱家驊，字騮先，浙江吳興人，生於一八九三年（清光緒十九年、民國前十九年），朱氏歷代經營南貨業，家境小康，六歲入鄰舍私熟飽讀詩書，年十一進南潯正蒙學堂就讀，堂長曹礪諄諄鼓勵，朱家驊因而決志向學，次年，（一九〇五年）名列校中會考第一，同年私自剪去辮子，被同學視為小革命黨，一九〇七年，夏正蒙學堂停辦，乃轉學南潯公學，同年底畢業。

## 入同濟醫學專校就讀

一九〇八年，赴上海，考入同濟醫科專門學校，該校均由德籍師資授課，教學嚴格，尤重生活教育。

一九一一年，同濟籌辦工科，改稱同濟醫工專校，朱家驊改入工科，次年畢業，回鄉任教三賢祠小學，一九一四年，與蘇州程亦容女士訂婚，並辦理留學德國手續，同年春末，與張人傑同坐西伯利亞鐵路臥車到柏林，在柏昌接識同濟早期學長張君勱、江逢治等，乃結伴同赴漢堡，入荷蘭礦場實習，以備柏林礦科大學就讀。

## 留德入礦科大學肄業

一九一四年十月，入柏林礦科大學，二年後，礦科大學併入工科大學，朱家驊參加考試，獲准轉學工科大學就讀，年底（一九一六年），德國學生大都從軍參加一次大戰，德教育部規定凡一班不滿三位德國學生的課程，不能開課，並訂次年元月起嚴格執行，朱家驊乃與同學黃江泉、黃江瀛兄弟於十二月十五日離開柏林，取道丹麥，於哥本哈根乘輪回到上海，此時已是陰曆的新年。

## 進北京大學教授德文

這年（一九一七年）四月，北京政府與德國斷交，八月初，朱家驊在北京與程亦容女士結婚，九月朱由沈尹默介紹到北京大學擔任德文課程講師，開學日校長蔡元培主持典禮，介紹新聘師資，朱首次與胡適見面，其後又認識了幾位名師，如：何炳松、王星拱、陳大齊、陶履恭、顧孟餘等人，全校教員中，朱家驊為最年輕的一位。

一九一八年五月，北京政府教育部選派十人留學，規定教師進修四名，由部考選六名，北大校務會議通過推荐朱家驊派往瑞士專攻地質學，七月底，朱携眷乘輪船赴美國，同船的有李濟、查良釗、徐志摩等，到岸後轉往紐約辦理赴歐之簽證，此時認識在哥倫比亞大學進修的張伯苓、嚴範生兩人，十一月十一日歐戰結束，次月朱之簽證批准，於去法國的輪船，首次認識顧維鈞夫婦。

## 再度赴歐攻讀地質學

一九一九年一月下旬，朱家驊進入瑞士伯恩（Bern）大學地質系，十月，朱轉學至蘇黎世（Zurich）大學；次年三月，又轉學至柏林大學地質系，經數年之努力勤學，一九二三年春，終於通過博士論文口試，博士論文並在校刊上發表，朱家驊偕夫人於五月赴英國遊覽，並參觀各著名大學，八月，回到柏林，趕辦北大委託在德辦理的事項。

一九二四年元月九日，朱家驊夫婦經義大利乘輪返國，四月初到北平，與丁文之、翁文灝等地質界先進見面，北大於秋季聘朱家驊為德文系主任，並在地質系開課。

## 由北京大學轉任中央大學地質系主任

一九二五年，朱家驊仍在北大任教，二月間到協和醫院欲探視臥病中的孫文總理，經張人傑、戴傳賢勸阻（醫師亦禁止會客），故未能如願。

一九二六年北京爆發「三一八慘案」，死傷二百五十人，朱家驊避入東交民巷，同年六月，中央大學寄來地質系教授兼主任聘書，朱化裝轉天津乘船南下（廣州）任職。

十月初，國府發表戴傳賢為中山大學委員長，顧孟餘為副委員長，徐謙、丁惟汾、朱家驊為委員，因戴、顧、徐、丁等人均另有重要的任務，學校行政工作都由朱家驊全權處理。

## 轉任中山大學整頓校務

朱家驊一面整頓校務，革除積弊，一面設法聘請名師，同年十二月，新聘教授周樹人（魯迅）、何思源、傅斯年等到校，朱家驊請傅斯年為文科學長兼中國文學系主任，是年底，戴傳賢赴日本，中山大學五位校務委員中僅朱家驊一人留在學校。

一九二七年起，朱家驊開始整頓醫科，以翁之龍為醫科學長，趙士卿為附屬醫院院長，農科方面，聘德籍教授兩人，理科方面，聘德國及瑞士教授各一人，文科方面，增聘顧頡剛、楊振聲、言德珩等多位知名學者。

同年四月，廣東省政府改組，朱家驊應邀任民政廳長，朱答應幫忙三個月，任內更動左傾縣長四十餘位，並調查人口及航空測量土地；七月初，中山大學改稱第一中山大學，取消校務委員長制，改為校長制，以戴傳賢為校長、朱家驊為副校長。

同年十一月，廣州市爆發「張黃事變」，戴傳賢與朱家驊均離穗赴上海，校務由沈鵬代行；此時，何應欽奉命兼浙江省政府主席，何邀朱家驊為民政廳長。

## 赴杭州任浙江省民政廳長

同月，朱家驊應大學院長蔡元培之聘，為中央研究院籌備委員之一，並與翁文灝、李濟、李四光等籌建地質調查所；廿二日，朱家驊在上海晉謁國民革命軍蔣介石總司令，蔣勸朱到浙江省府接事；十二月十日，朱家驊到杭州就民政廳長職，任內提出禁煙主張、倡導公墓，並準備戶口調查與土地清查，次年春，開始籌備村里制，訂定單行法規，飭令各縣推行。

朱家驊到浙省府服務後，曾一再請辭中山大學副校長，均未獲准，故兼兩處職務有三年之久。

## 出席國民黨三全大會後長中大

一九二九年三月十五日，朱家驊赴南京出席國民黨第三次全國代表大會，並被推選參加主席團，廿日，在第三次大會，朱輪任主席，通過警告汪兆銘，開除陳公博、甘乃光一案，周佛海、梅思平、周炳琳等親汪份子中途退席；朱家驊在三全會中當選為主央執行委員及中央政治會議委員，此為朱參與黨核心之始。

同年九月，朱家驊辭浙江省民政廳長，旋國府發表朱繼任中山大學校長（戴傳賢校長已於上年十月就任考試院院長），十月廿日，朱南下就職，在不到兩個月任內，開除校中共黨份子多人，肅清亂源，自此得罪中共。

同年十一月，國府又發表朱家驊為中央大學校長，次月中旬到任，接手後朱發現前任校長張乃燕發起興建的大禮堂早已停工，於是以國民會議的名義（朱為國民會議代表）請求國府撥款五十一萬銀元，由建築系盧毓駿教授負責監造，次年四月底完工，五月五日，召開的國民會議就在此舉行，中華民國訓政時期約法即在會中通過的。這年暑假，北京大學與中華教育文化基金會簽定合作研究計劃，提高研究教授之薪俸，將中央大學曾昭掄、湯用彤兩位教授聘往北大，朱家驊為此到處邀約知名學者到中大任教，顧毓琇、沈剛伯、伍叔儻、徐佩琨、顏德慶等人應聘來校，師資陣容擴大。

## 先後出任教育部長、交通部長

一九三二年元旦，內閣改組，孫科接任行政院院長，教育部部長由朱家驊繼任，未到職前由政務次長段錫朋代理部長，同月廿九日，國府召開緊急會議，准孫科院長辭職，由汪兆銘接長行政院，以宋子文為副院長兼財政部長，朱家驊仍為教育部部長，朱年底到南京後，首次與汪兆銘晤面，又到徐州前線見軍委會蔣介委員長。

次年二月廿日，朱家驊到部接事，在院會中提議設立國立編譯館，著手釐訂小學、中學及師範教育、職業教育及專科學校等法規，並頒布課程標準，在我國係屬一項創舉，七月起，在全國只有教育經費十足發放，教育部的權威因而建立起來，朱主持教育部時間雖短，但建樹頗多。

同年十一月初，國府忽然調朱家驊為交通部部長，事前並未徵得朱的同意，蔣介石與汪兆銘均勸其轉任，朱勉力赴任；此時交部下轄事業單位虧損兩千餘萬元，部方擬把招商局作抵押向美國借款，以解燃眉之急；朱家驊接事後立即飛往上海去解決此一棘手問題。

朱家驊任交長共四年，建樹頗多，其犖犖大者如：

（一）整理航政司管轄之中國航空與歐亞航空兩公司之財務。
（二）合併電政司主管的有線電話局與無線電臺為一系統，人事統一，內部工作分工，提高效率。
（三）規劃郵政儲匯局與郵政局相互配合的健全制度。

（四）洽商中央銀行收購招商局，使其成為交通部下轄之國營事業，壯大國內外之航運能量。
（五）交通部之外債（英、美、德、日等國）均獲圓滿之解決。

## 接中研院總幹事及任浙江省主席

一九三六年元月五日，中央研究院總幹事丁文江病故，蔡元培院長請朱家驊繼任，並要史語所所長傅斯年及各所所長一再勸駕，延至六月中旬，朱才正式接事。

同年十月，蔣介石委員長要朱家驊任浙江省主席，朱飛洛陽向蔣陳述中研院的重要性，且剛接總幹事，請同意其專任此一工作，但未有結果，十一月初，蔣又電勸朱到杭州赴任，朱再度懇辭，蔣覆電已交國府發表，此時朱已無法再辭，同月十七日，朱接長浙江省政府，並自兼民政廳長；中研院總幹事職務，請傅斯年代理。

朱家驊到職係第一件事，即為全省所有的經費，都要十足撥發，其他的改革措施有：

（一）合併或取消全省四百餘種苛捐雜稅，如船舶稅等。
（二）整理省府九千萬債務，大部份加以清償。
（三）肅清省內的綁匪，改善城鄉治安。

一九三七年十二月，國府改組浙江省人事，發表黃紹竑接任主席，蔣介石要朱家驊交卸後到漢口去面商國事，在朱任主席最後一次的省府委員會議中，各委員及廳長達成議案，要贈送朱五萬元，說此是例行的決議，因歷任五席交卸都是如此做的，朱堅決拒絕才作罷論。

## 接黨中央秘書長及組織部長重擔

一九三八年三月，蔣介石委員長條諭：軍委會成立參事室，由朱家驊為主任。

同年三月廿九日，中國國民黨全國臨時代表大會在武昌召開，主要議案如：討論抗戰建國綱領、召開國民參政會、成立三民主義青年團，均獲通過，又黨中史設總裁、副總裁，獲全會一致通過由蔣介石及汪兆銘擔任，並由蔣總裁提議由朱家驊為中央執行委員會秘書長，亦獲會中通過。

四月中，朱家驊力辭軍委會參事室主任獲准，由王世杰繼任，朱即接黨秘書長，並兼中央調查統計局局長，因朱公忙，局務由副局長徐恩曾實際負責，該局在朱指示下成立經濟調查處，負責戰時對敵經濟作戰，貢獻頗大，又朱重視各戰區共黨活動情報，防範共黨勢力擴張，使朱毛等懷恨在心。

七月九日，三民主義青年團正式成立，朱家驊當選常務幹事，旋兼代書記長，主持團務。

十二月一日，朱家驊轉任中國國民黨中央組織部部長，蔣介石總裁仍令朱兼任中央調查統計局長，工作更形繁劇。

## 兼任中研院代院長及考試院副院長

一九四〇年九月，中央研究院院長蔡元培病故已半年，中研院預算問題必須解決，不能無院長作最後之決定，院方才將三月底評議會選出之三位院長侯選人（朱家驊、翁文灝、胡適）名單呈國府，旋發表朱家驊為代院長，朱一再懇辭，蔣介石盼其勉為其難，院中各所長又來勸駕，乃到院接事。

一九四一年十二月，中國國民黨第五屆九中全會選任朱家驊為國民政府委員及考試院副院長，迄至一九四四年十一月國府發表朱家驊為教育部部長，朱之心力多集中在中央組織部的工作上，辛勞備至。

## 轉任教育部長、政務委員及副院長

次月，朱家驊到教育部接事，教育問題千頭萬緒，朱在任內均一一加以解決。

一九四七年十一月，朱家驊當選教育團體選出的行憲國民大會代表。

一九四八年三月，中央研究院評議會選出八十一位院士，朱家驊獲選為數理組院士（其他二組為生物組及人文組），此時中研院的體制大致完成了。

同年五月，行政院改組，翁文灝繼任院長，朱家驊留任教育部長，十二月孫科宣佈組織新內閣，朱家驊改任行政院政務委員。

一九四九年三月，孫科內閣辭職，立法院同意何應欽為行政院長，朱家驊仍任政務委員。同年五月，李宗仁代總統同意何應欽辭院長職，請居正組閣，卅一日諮請立法院同意，結果以幾票之差未獲通過；六月三日，李再提閻錫山為行政院長，獲立院同意通過，朱家驊改任新內閣副院長，同年十二月底，朱呈請辭職獲准（秘書長賈景德繼任副院長）。

一九五〇年三月一日，蔣介石總統在臺北正式復職視事，總統府聘朱家驊為資政，在中國國民黨任中國評議委迄至辭世，此後，朱專責主持中央研究院之院務。

## 推動中研院在臺成立各所

令人欽佩的是，在一九四九年初大陸時局最艱困、最混亂之際，朱家驊主持（教育部部長杭立武協辦）故宮博物院及中央研究院大量文物及古籍妥善安全遷運來臺灣，這數批六十餘萬件稀世國寶倘若滯留大陸，必然在十年文革浩勢中毀損殆盡，朱家驊對國家的貢獻至大。

中央研究院在大陸原有十四個研究所，遷到臺灣的只有史語及數學兩所，總幹事周鴻經在臺北市租了一戶房屋作總幹事處，朱家驊來臺後，就在此辦公，此後多年朱全力規劃在南港建築新院址，恢復中研院在臺的研究工作，並籌設五個新研究所，如近代史、民族學、化學、動物及植物各所籌備處，朱在籌集經費、聘請專家學者及聯繫海內外院士，均盡心盡力，備極辛勞。到一九五七年夏，朱家驊以中研院在臺重建工作已奠定基礎，又以年老多病，乃向總統呈請辭職。

一九五七年十一月三日，中研院第三屆評議會在南港院址舉行，選舉結果，胡適（十八票）、李濟（十票）、李書華（十票）當選院長侯選人，次日總統府收到中研院呈文，蔣介石總統批准朱家驊辭職，並特任胡適為中央研究院院長，胡適未到職前，由院士李濟暫代院務。

次年一月十一日，中研院舉行移交儀式，由總統府秘書長張羣監交，從此朱家驊脫離了官職，將十八年來院務的重擔正式交卸；四月十日，胡適返臺接院長職務，並舉行第三次院士會議，選舉院士後，補選了幾位評議員，朱當選為第三屆評議員。

## 晚年為疾病所困勉力工作

朱家驊中年以後，頗受蔣介石之器重，身兼黨政要職及主持最高學術研究機構，身心長期疲憊，體力透支，腸胃疾病滋生。

一九五三年二月，患十二指腸出血、幽門閉塞，住進中心診所療治月餘；一九五四年一月，胃病忽又發作，比以前歷次都嚴重，又住進中心診所，月底由外科主任張先林施行手術，割除五分之四胃部，經二個月的休養，才慢慢恢復工作。

十二月卅日，朱家驊集在臺院士王寵惠、王世杰、李濟、李先聞、凌鳴勛等七人舉行第二次院士談話會，次日朱又患腸出血，當夜又入中心診所急救，住了二週才出院。

一九五五年五月十一日，朱家驊應韓、日兩國文化團體前往訪問，先到漢城，後轉東京，廿八日晨忽然感覺說話有些遲鈍，馬上赴我駐日大使館，由館中醫務所主任許醫師診療，判斷為輕微中風，立即住進東京大學附屬醫院，七月三日才出院，到箱根去休養一週始返國。

到了次年（一九五六年）春季，朱家驊每逢用餐時，頭部即出大汗，體重逐漸減輕，身體虛弱不堪，此後即經常因嘔吐、感冒、胃痛等住進醫院：一九六一年秋末，朱家驊失眠情形加重，心情大受影響，乃住進榮民總醫院檢查身體，發現心臟擴大、血管硬化，出院後又開始感覺行動不靈活。

一九六二年二月廿四日上午，朱家驊出席中研院第五次院士會議後，又感不適提早回家休息，晚七時獲悉胡適在主持招待院士酒會中猝死的消息，朱至感震驚，在床上大哭，悲痛萬分，次日起每天抱病到殯儀館去瞻仰胡適遺容，一直到大殮公祭為止。

這一年朱家驊的體力更見衰退，早晚散步都需要有人扶持，散步後全身出汗不止，十分痛苦，九月，住進臺大醫院體檢，診斷出腦血管硬化等心臟病，隨時有中風或猝死的可能，朱自已尚不知情。

一九六三年元旦上午，朱家驊仍出門去參加中國國民黨中委會及總統府的新年團拜，元旦下午及二日，如同往年向前輩及好友拜年，三日上午仍赴聯合國中國同志會辦公，因天氣轉冷，仍返家休息，下午四時感覺胸部悶塞，呼喚家人，不久喘氣轉為急促，全身冒汗，喝了一口水後，喉部梗塞，無法說話，頭也垂下，至四時五十分以心肌病變溘然長逝，享年七十歲，消息傳出，各界紛表哀悼。

同年九日，朱家驊喪禮舉行公祭，蔣介石總統特頒「愴懷勛碩」輓額，參加公祭有黨政界及大學學會、社團等六十八個單位，共五千餘人，下午移靈陽明山第一公墓，親送上山者達一千二百餘人，身後備極哀榮；三月十日，香港文教界為朱家驊舉辦追悼大會，同年廿五日，總統頒發褒揚令。

## 捐贈個人檔案遺愛長存

家驊先生以學人從政，畢生奉獻黨國，歷任要職，留學歐洲多年，國際友人甚多，辭世後留下十七箱個人檔案，皆中國近代史之珍貴資料，家屬依其遺言，全部捐贈中央研究院，現由近代史研究所珍藏，他的遺憂長存人世。

（《浙江月刊》，二〇〇九年十一月）

# 楊亮功的政壇際遇

楊亮功，原名保銘，及長以字名，安徽省巢縣人，一八九五年（清光緒廿一年，民國前十七年）生，出身耕讀世家，父鶴齡公，清秀秀才，宣統初年曾任巢縣勸學所長，以作育英才為職志，楊亮功幼年在鶴齡公自設私塾唸書，九歲入養正小學，三年後畢業，升巢縣書院攻讀，十七歲轉學合肥廬州學堂。

## 考入北大受教於蔣夢麟

一九一五年（民國四年），楊亮功入北京大學預科（校長蔡元培），肄業二年考取北大本科中文系，系中名師甚多，如黃季剛、錢玄同、劉師培、陳大齊、劉申叔、吳瞿安、朱家驊等，一九一八年，楊亮功曾積極參與五四運動，益增愛國自強思想，次年秋升三年級，選修蔣夢麟講授「西洋教育史」，楊亮功求學興趣逐漸移轉至教育學科，一九二〇年畢業。

## 留學美國獲教育博士

楊亮功北大畢業後，原擬赴法勤工儉學，嗣承北大老師馬裕藻介紹至天津女子師範任教，不久應聘為安徽省立第一中學校長，越年考取安徽省官費赴美深造，一九二二年夏，入美國史丹福大學教育學院，修業二年獲碩士學位，旋赴紐約進哥倫比亞大學師範學院，次年轉入紐約大學教育學院，轉學之原因為哥大規定博士論文寫完竣後，必須印刷成書，始准參加口試，紐大則僅須將論文打字裝訂數十份，即可參加口試，如此留校時間與費用皆較為節省，一九二八年，獲博士學位，論文題目為「美國州立大學董事會之組織功能與權責及對中國之應用」，甚獲教育學大師杜威（John Deway）、克伯屈（William Kipatrick）、桑戴克（Edward Thorndike）等之好評；楊亮功於論文口試通過後隨即返國，計在美攻讀共六年，學問閱歷皆獲大進。

## 學成返國任北大系主任

楊亮功學成歸國後，先赴開封擔任河南省立大學文科主任，半年後轉至上海中國公學任副校長①，旋應聘安徽省立大學文學院院長，一九三〇年，接任徽大校長，因當時安徽政局混亂，且校內派系複雜，學生鬥事不斷，未及一年即請辭北上，應北京大學之聘為教育系教授（系主任由校長蔣夢麟兼任），次年，接長系務，系中教授皆一時之選，有楊康、吳俊升、陳雪屏、蕭承恩、倪亮、邱椿、潘淵等，其間並兼任北京師範大學教授。

## 來臺調查二二八事變

一九三三年，監察院長于右任提請國府任命楊亮功為監察委員，蔣夢麟、胡適均加以勸阻，希望他留在北大作育英才，因于右任院長一再力邀，楊亮功謙辭未獲同意，乃前往南京就職，此為他由學界轉至政壇之始，一九三八年，任皖贛監察使，一九四四年，調閩浙監察使，一九四五年，浙江單獨設監察使，再調閩臺監察使，次年元月，首次抵臺巡察，並主持監察院駐臺辦事處成立事宜，同年當選制憲國民大會代表。

一九四七年三月九日，自福州抵達臺北，奉命查辦二二八事變，共留臺三十四天，曾赴全臺實地調查，俾作公正處理之依據。

由於楊亮功適時來臺，著手處理此事，使事態不致擴大，不僅挽救了眾多生命及財產損失，也穩定了臺灣的情勢。

楊亮功返回南京後，曾親撰「二二八事變奉命查辦之經過」、「調查二二八事變報告」及「臺灣善後建議」，由監察院呈報國府，蔣介石主席極為重視，依照其建議立即改組臺灣省長官公署為臺灣省政府，並命剛就職的魏道明主席切實執行楊亮功所提之各項建議事項。

## 轉任安徽大學校長

一九四八年七月，楊亮功出任國立安徽大學校長，越年三月，受時局影響，楊亮功率師生撤往蕪湖，校務旋告中斷，同年六月教育部長杭立武力邀其接任國立編譯館館長，全館同仁隨即由廣州遷臺辦公，一九五〇年三月，該館奉命緊縮，楊亮功辭職獲准，館務由梁實秋暫代，同年六月應臺灣省立師範學院之聘，任教育系主任。

## 任職考試院逾廿載

一九四九年十一月底；國府自重慶遷臺，監察院秘書長李崇實滯留香港，次年九月，于右任院長提請楊亮功為秘書長，一九五四年，楊亮功獲總統提名轉任考試院考試委員，次年兼任職位分類計劃委員會主任委員，一九六八年，接任考試院副院長（原副院長程天放於上一年病逝美國），一九七三年，升任考試院長（院長孫科辭世），一九七八年，院長任期屆滿，楊亮功應聘為總統府資政，一九九二年，辭世，享年九十七歲。

楊亮功來臺後，在國立政治大學及國立臺灣師範大學兩校教育系任教逾三十年，培育人才無數，著有專書及論文近百篇，曾自述：「讀書、教書、寫書逾半世紀」，一九八四年，獲頒行政院文化獎，可謂實至名歸，他又說過：「從政多年，純屬意外，愧無貢獻也！」從而顯現亮功先生謙沖恬淡之人格特質。

楊亮功於一九七五年，被東吳大學推舉為董事長（原任董事長兼校長端木愷因新公佈之私校法規定私立學校董事長不得兼任校長，乃請辭董事長）；一九七九年，又接任中山學術文化基金會董事長（繼辭世不久之首任董事長王雲五），顯見其在文教界極負人望。

## 平易近人一派儒雅

筆者記得於一九六九年，服務國防研究院時，曾數度奉張曉峰（其昀）先生（當時任國研院主任及文化大學董事長）之命，攜其親筆函赴木柵考試院面呈楊亮功副院長，承撥冗接見，故有幸親炙亮功先生風範，他對青年之關懷及對人才之重視溢於言表，尤其是一派儒雅、平易近人，給筆者留下深刻的印度。

楊亮功自進入政壇，一直頗受當局重用，但據悉國府遷臺後，楊亮功曾經有兩次被蔣介石總統內定提名為考試院副院長，但均由於特殊的原因而改變提名人選，筆者多年前曾向先父好友及楊亮功安徽同鄉張宗良②求教此一傳聞是否屬實，承宗良先生詳述事實原委如下。

## 兩次與副院長擦身而過

一九五四年七月，考試院人事改組，蔣公擬提名駐美大使顧維鈞為院長，以楊亮功為副院長，顧維鈞回電同意，隨即返國述職，其後蔣公認為對美外交較重要，仍命顧維鈞回華府任所，改提名莫德惠及王雲五為考試院正副院長，蔣公乃約見楊亮功表示，莫德惠為黨外人士，故副院長亦以黨外人士王雲五出任為宜，將改提名他為考試委員；楊亮功任考試院副院長一職遂告落空。

一九五八年八月，行政院長俞鴻鈞請辭獲准，專任中央銀行總裁（俞鴻鈞來臺後一直擔任央行總裁，接任臺灣省政府主席及行政院長仍兼任央行總裁），蔣公提名副總統陳誠兼任行政院長，內閣進行改組，陳誠為借重考試院副院長王雲五的行政管理長才，力邀王轉任行政院副院長，新閣名單獲蔣公同意後發佈，此時蔣公思考考試院副院長人選，再度擬以楊亮功繼任之，考試委員張默君獲悉後，以其進考試院為時甚久，在現任考試委員中最為資深，乃多方出面爭取副院長一職，蔣公特面告楊亮功曰：「院內既有意見，副院長人選以院外人士較妥」，遂提名前教育部部長程天放接任（另有傳聞蔣公曾考慮提名剛卸任教育部部長之張其昀為副院長，惟張其昀懇請總統府秘書長張群面報蔣介石希望擔任黨職或負責教育訓練機構之意願），楊亮功之出任考試院副院長又告落空。

就上述內情而言，楊亮功於一九六八年任考試院副院長，與首次蒙蔣介石內定提名他任同一職務足足遲了十四年，從而可知政府高層人事在調整定案前，常會有所變化，亦具見蔣介石在用人方面考慮之周延與安排之高明也。

註釋

①楊亮功係應中國公學校長胡適之力邀擔任副校長，因胡適欲辭去校長職而未獲該校董事會同意，乃請楊亮功駐校全權代理校務，胡適每週僅到校一天。

②張宗良，安徽廬江人，一九〇七年（清光緒卅三年，民國前五年）生，中央大學畢業，英國倫敦大學政經學院博士，國防研究院二期結業，曾任軍委會政治部處長、主任秘書，安徽省民政廳長，抗戰勝利後獲選制憲及行憲國民大會代表，來臺初期未任公職。一九六二年協助張其昀創辦文化大學，並擔任首任校長，後出任國家安全會副秘書長、國立臺灣師範大學校長及考試院副院長等職，一九八六年辭世，享年八十歲；宗良先生學問淵博，為人正直，甚受士林敬重。

（《世界日報》，二〇〇五年十二月廿六日—廿七日）

# 田永謙、田長霖父子

曾任美國加州大學柏克萊分校校長的田長霖博士於二〇〇二年十月廿九日，因腦瘤辭世，享年六十八歲，噩耗傳出，不僅美國學界痛失一位傑出的教育家，全球華人社會也都極表哀悼。

## 田長霖出身書香門第

田長霖①，為湖北省黃陂縣人，一九三四年生於漢口市，田家為書香門第，祖父田慶芬，清末高中科舉，並畢業於北京法政學堂，民元以後在貴州、四川審判廳任法官，及四川合川縣知事，頗富政聲；父親田永謙更是一位令人懷念的清廉官吏。先母係田家遠房表親，筆者幼年時常聽先母提及永謙先生的生平事蹟，茲謹就記憶所及，追述如後。

## 田永謙早年在漢口服務及二戰後任職上海及台北

田永謙，字牧宣，一八九九年（清光緒廿九年，民國前十二年）生，畢業於北京大學物理系，任武昌中華大學理科教授有年，結識在同校教授英文的吳國楨②；北伐成功後，吳國楨於一九二九年，任漢口市市長，田永謙應邀任財政局科長，一九三二年，調稅捐稽徵處處長，任事公正廉潔，甚獲好評。一九三八年十月，日軍攻陷漢口，舉家逃難，輾轉前往上海，住於法租界，田永謙曾短暫任職金城銀行，一九四一年十二月，太平洋戰事起，日軍開入租界，田家行動受到限制，生活難苦。

一九四六年五月，吳國楨繼錢大鈞為上海特別市市長，任田永謙為財政局局長兼上海市銀行董事長，表現傑出，頗獲好評，一九四九年四月，吳國楨辭卸市長職，田永謙隨同離職，旋攜眷渡海來臺，同年十一月，吳國楨繼陳誠為臺灣省主席，以田永謙為省府主任秘書，時中央政府遷臺不久，臺灣省政府業務極為複雜，田永謙為重要幕僚，為吳主席所倚重，工作繁重，每天上班十餘小時，公而忘私，健康因而亮起紅燈，一九五二年八月廿一日終因心臟病發猝逝，各界均感哀悼。

## 田永謙長留哀思

田永謙逝世後，因子女眾多，一家生活再度陷於困境，田夫人李潤棣以夫君既逝，堅持遷出省府宿舍，賃屋而居，田長霖時正就讀臺大機械系二年級，課餘任補習教師貼補家用。各界對田永謙夫婦的刻苦、正派均頗有好評，當時著名的《新聞天地》週刊曾刊出「老好人田永謙長留哀思」與「自由中國需要田永謙精神」二文，對田永謙給予高度評價。

田永謙生前對子女督教甚嚴，田長霖對父親「讀書與為人最為重要」的庭訓從來不敢或忘，田長霖也以父親的言行作為他自己待人作事的典範，終身受用不盡。

## 註釋

①田長霖為田永謙第六子，三歲隨家人遷往上海，稍長入勵志小學、位育中學就讀，成績優異，民國卅八年舉家遷臺，插班考入建國中學高二，一九五一年考取臺大機械系，一九五五年畢業，參加高考，以優等第一名錄取，入陸軍官校預官班第四期，次年結業，旋赴美留學，入路易斯維爾大學（肯培基州）深造，一年後獲碩士學位後，轉往普林斯頓大學（新澤西州），以破該校紀錄之廿個月內取得博士學位。

一九五九年，應聘為加州大學柏克萊分析機械工程系助理教授，一九六四年，升為副教授，一九六八年，升為正教授，並獲終身教授職，次年任系主任，致力熱力學研究，一九七四年，膺選美國工程科學院院士，一九八三年，任研究副校長，一九八八年，當選中央研究院院士（數理組），同年底轉任加州大學爾灣分校執行副校長，為當時加大系統華裔出任之最高行政職位，一九九〇年，加州大學董事會任命為加大柏克萊分校第七任校長，是為該校一百廿二年來首位亞裔校長；一九九一年，任母校普林斯頓大學董事，一九九四年，當選中國科學院首批外籍院士，一九九七年，卸除校長職（任內建樹頗多，並共籌得八億美元捐款），任同校榮譽講座教授，一九九八年，任加州大學洛杉磯分校榮譽講座教授，一九九八年，任美國國家科學委員會首位華裔委員；二〇〇〇年春，經診斷患腦部腫瘤，次年正式退休，二〇〇二年病逝。田長霖在美國柯林頓總統第二任期內（一九九七年—二〇〇一年）原本極有可能被選任為能源部部長，可惜因故未成事實，於加大柏克萊分校卸任時亦可望出任加大總校長，終因開罪董事會保守人士而告吹。

②吳國楨，字峙之，湖北省建始縣人，一九〇三年（清光緒廿九年，民國前九年）生，清華學校畢業後赴美留學，先獲愛荷華州立大學文學士，旋入普林斯頓大學深造，獲政治學碩士及博士，一九二五年學成歸國，任教中華、武漢等大學，北伐成功後，為國民革命軍蔣總司令介石延攬入政府，歷任漢口市地政局長、湖北省財政廳長、漢口市長、重慶市長、外交部政務次長（曾代理部務達九月之久），中國國民黨中央宣傳部長，抗戰勝利後任上海市長，一九四九年春辭職來臺，後隨中國國民黨蔣總裁介石赴韓國及菲律賓訪問，同年十一月，國府遷臺，任臺灣省政府主席兼臺灣省保安司令，次年並兼行政院政務委員，民國一九五三年，辭職赴美講學，先任芝加哥論壇報主筆，後定居喬治亞州，在喬治亞州立大學任教，講授中國歷史與政治深程。一九八四年辭世。生前曾出版《中國古代政治理論》一鉅冊及《吳國楨回憶錄》（均為英文），甚受美國學界重視。

（《世界日報》，二〇〇四年六月十九日）

# 追懷文大創辦人張其昀

雖然恩師張曉峯（其昀）先生病逝已匆匆十三個年頭了，但對曉峯師的愛護與栽培，卻使筆者難以忘懷，長久以來，總想寫一篇回憶他老人家的文章，但念及師恩，思緒起伏，不知如何下筆，茲乘新年連續假日，就數年的親炙與體會，寫出筆者對恩師長遠的追思與懷念。

## 初次接觸屢獲重用

筆者第一次接觸曉峯師是在一九六四年九月，那時剛考進文化大學研究所就讀不久①，曉峯師就分批約見研究生，在約見前他已看過每個人的自傳，故與我們談話時，顯得很親切，並問及我們的研究主題與未來志向，以作為將來培植的參考；曉峯師約見研究生每學期通常為兩次，二年就讀期間約見達七、八次之多，所以幾乎認得每一位研究生。

記憶最深刻的一次，就是入學後第一次約見，在分批約見結束後，曉峯師又邀全體研究生到陽明山莊國防研究院晚餐②，飯後曉峯師作了一次極為感性的講話，闡述華岡興學的理想，並對大家諸多期勉，要我們將來要為中華文化的發揚有所貢獻，最後還特別點名提到幾位研究生，筆者是其中之一，曉峯師說：「本屆研究生李紹盛是臺大畢業生，歡迎他加入華岡學園的行列，他的父親李參育將軍（家父當時任職陸軍總部主任委員兼陸供部副司令）曾入國防研究院第二期深造，父子兩人先後在本人主持的學術研究機構進修，都是本人的學生，實在很難得，也頗具意義。」

一九六五年七月，中國一周社總編輯李道顯兄（文大研究所第一屆畢業）邀請筆者及閻振瀛兄（與筆者為研究所同屆研究生）加入該社擔任編輯③，每週到編輯部工作數天，曉峯師每隔一、二個月就會邀我們三人便餐，提示一些編輯方針，是以筆者在就讀研究所第二年期間與曉峯師見面的機會就多了不少，也體會出曉峯師對新聞出版事業的重視與卓見④。

## 親自指導中國一周編務

一九六五年六月，筆者順利畢業取得碩士學位，就在畢業典禮的次日，即奉曉峯師手諭，升任中國一周社總編輯，並約見筆者，安排至陽明山莊（國防研究院秘書室）上班，此後除了每週主編週刊外，還負責一些曉峯師指派的公關與聯繫學人的事務，一直至一九六九年八月，前後有三年餘，幾乎每隔一、二天曉峯師就有口頭指示，而且每天都接到他的書面指示，對曉峯師公忠體國、愛護後學的情操有了進一步的瞭解與體認。

在筆者主編中國一周期間，曉峯師對歸國優秀青年學者十分重視，經常指派筆者前往採訪，在週刊作詳盡的報導，記得有丘宏達、連戰、施啟揚、李鍾桂等多位，經過筆者與這幾位學者訪談之後，彼此仍保持聯擊，並承他們贈送其著作，互通訊息，直到連教授被特任為駐薩爾瓦多大使與施教授出任教育部常務次長後才中斷，惟丘教授返美任馬里蘭大學仍常與筆者信函往來，對筆者在學術研究上指導頗多，也獲得不少啟發。

## 在中央及浙江大學任教有年

曉峯師是近代著名史地學者⑤，在母校中央大學任講師、教授共十年，後轉往浙江大學任教授兼史地學系主任、史地研究所所長及文學院長，前後十四年，培養無數人才，對有志研究者，也提攜不遺餘力；曉峯師於教育部長任內，政大、清大、交大、中大及輔仁、東吳等在臺復校，臺南工學院改制為成功大學，臺中農學院改制為中興大學，師院改制為師大，又廣設研究所、開辦博士班，使國內人才輩出，學術風氣勃興；一九六二年曉峯師創辦文化大學，先辦研究所，也是著眼於培植一批年青師資，為華岡興學奠定基礎。

筆者於研究所碩士畢業後，曉峯師即安排至母校任教，並獲市政系專任講師聘書，此後筆者不廢研究著述，送審通過升等副教授及教授，皆曉峯師之賜也；筆者後來除擔任公職外，並先後在淡江、輔仁、東吳等校商學院及師大研究所兼課，並擔任臺大、臺師大及文大中山學術研究所研究生博碩士論文指導教授及口試委員，迄今已逾卅年未嘗中斷，都是源起曉峯師的鼓勵；令筆者最感念的是在離開學生生涯八年後（一九七四年），又承曉峯師之命，報考母校中山學術研究所博士班，僥倖錄取為榜首，使筆者能受教於羅時實（兼所長）、顧翊群、陶希聖、吳經熊、錢穆、薩孟武、姚淇清、查良鑑、唐振楚諸名師門下，可以說全是曉峯師的厚愛所致。

筆者於一九六九年八月離開陽明山莊後，先在行政院經合會工作，後轉往臺北銀行服務，曉峯師均相當關切，勉勵多發揚華岡「質樸堅毅」的校訓，並對筆者專注於財經問題之研究與經濟刊物之編輯至表肯定，曾多次以親筆函加以勉勵，並要筆者隨時前往與其面談，在其中一封信中有：「華岡字典中無失敗二字，即使有頓挫，則為更大努力與成功作準備而已。」等語，實令筆者感動萬分。

## 全年無休假致力著述

曉峯師來臺後，無論在任何崗位，每天工作長達十餘小時，全年無一日休息，甚至農曆新年也不例外，白天處理公務，全心奉獻，晚餐後則從事學術研究，而且也從不參加應酬活動，所以曉峯師除了從政有成就之外，還能撰成許多巨著，廣受士林推崇。

曉峯師於一九八一年以後體力漸衰，逝世前曾在榮民總醫院住院經年，筆者為免打擾他老人家的療養，僅前往探病二次，每次曉峯師均談話良久，諸多垂詢，關愛溢於言表，尤令筆者感動不已。

## 為傑出學人亦為優秀政治家

曉峯師生於一九〇一年（光緒廿七年，民國前十一年）十一月九日，病逝於一九八五年八月廿六日，享壽八十有四，畢其一生以著述教書為志趣，治學嚴謹，著作等身，提攜後進呵護彌深，而長期從事教育行政工作，更為國育才萬千，中年以後出任黨政要職⑥，有遠見有魄力，排除萬難，實現理想，對國家社會貢獻極大，可以說是近代中國的大學者、大教育家與大政治家。

曉峯師雖已離開我們而去，但留給世人的去思，必將永垂不朽！

註釋

① 曉峯師於一九六二年創辦中國文化研究所（共十二個學門），次年改制為中國文化學院，成立大學部，十二個學門改制為研究所，一九六四年增設博士班，一九八〇年改制為中國文化大學，自創校起一直連任董事長，師生尊稱曉峯師為創辦人。

② 先總統　蔣公於一九六八年創立國防研究院，隸屬總統府，蔣公兼任院長，曉峯師奉派為主任，實際主持院務；每年召訓軍政高級幹部（文官為簡任以上，武官為少將以上）約六十人，受訓十個月，課程多

為探討國家戰略、世界局勢及政治經濟問題，學員於畢業前並出國考察二週，共辦理十二期後裁撤。

③中國一周由曉峯師創辦，並任發行人，創刊於一九五〇年，為一綜合性新聞周刊，一九七〇年底，出版一〇五四期後停刊，發行期間極為風行，而且是蔣介石總統每週必讀之刊物。筆者主編該刊期間，社長由國防研究院秘書處處長姚國水兼任，社務委員有羅時實、鄭子政、趙友培、邵德潤、程之行、謝力中、李鹿苹、鄭貞銘、陳鼓應、張尚德、史紫忱、李道顯、李紹盛等人。

④曉峯師早年曾擔任商務印書館編輯，主編高初中地理教科書，來臺後創立中華文化出版事業委員會，編印現代國民知識基本叢書及新思潮、思想與時代、中國一周、英文中國文化季刊、華岡學報等刊物。

⑤曉峯師專攻史地學，地理方面著作甚受學術界重視，一九三五年中央研究院成立第一屆評議會，被中大推選為評議員，是全體評議員中最年輕的一位。曉峯師於一九四一年應美國哈佛大學邀請，為該校東亞研究所訪問學人，在美深造二年餘，並遍訪各著名大學及學術機構，極受美國學界推崇，先後榮獲聖若望大學、麻州大學、西東大學及韓國慶熙大學贈與名譽博士學位。

⑥曉峯師在黨務方面曾任三民主義青年團中央團部常務委員、中國國民黨中央宣傳部部長、總裁辦公室秘書組主任、中央改造委員會委員兼秘書長、中央委員會秘書長、革命實踐研究院主任、中央常務委員、中央評議委員會主席團主席；在政府方面，曾任考試院考試委員、教育部部長、國防研究院主任、總統府國策顧問及資政，又曾被選為國民參政會第二、三、四屆參政員及國民大會教育團體代表，歷次大會均獲選為主席團主席。

（《中外雜誌》，一九九八年十一月）

# 被遺忘的外交幹才時昭瀛

國府自一九四九年（民國卅八年）底，遷臺辦公以後，不僅面臨中國大陸武力進犯的威脅，在國際上也處於逐漸孤立的情勢，幸賴蔣介石領導全臺民眾團結一心，艱苦奮鬥，才轉危為安，奠定了臺灣地區五十多年的經濟發展與繁榮。

## 遷臺初期外交處境艱困

在外交方面，一九四九年十月一日，毛澤東在北京宣佈中華人民共和國成立，蘇聯、英國率先承認並與其建交，不少國家跟進，臺灣的處境至為困難。

一九五〇年三月一日，蔣介石在臺北復任總統，行政院改組，陳辭修（誠）奉命組閣，外交部長仍由半年前才在廣州代理部務（當時閻錫山內閣之外長傅秉常未到任），不久即升任部長的葉公超續任。

葉公超外長任職長達九年，任內穩固臺灣與各國之邦交，並簽定中日和約、中美共同防禦條約、美軍在臺地位協定，對維護臺灣國際地位及穩定國內政局，居功甚偉。

## 外交部幹才多獲重用

當時葉公超外長手下幹才甚多，如胡慶育（常務次長，政務次長，後調駐阿根廷大使）、時昭瀛（情報司長，常務次長，後調駐巴西大使）、周書楷（常務次長、政務次長、後升任行政院政務委員兼僑務委員長）、沈昌煥（政務次長，後調駐西班牙大使）、朱撫松（情報司長，後調駐美國大使館公使銜參事）等人，後來他們因工作表現傑出，大都獲得提升專用。（周書楷、沈昌煥、朱撫松三人曾出任過外長），其中時昭瀛個性比較內向，默默從公，且辭世較早，幾乎為人所遺忘，但其公而忘私，為國竭盡心力的精神，令人欽佩，前輩風範值得傳揚，茲謹個人所知，略述昭瀛先生的生平事蹟如後。

## 早歲留美歸國任教

時昭瀛，湖北省枝江縣人，一九〇五年（清光緒卅年，民國前七年）生，自幼聰穎過人，自小學至中學成績皆優，早年畢業於北京清華學校，經保送留美。

一九二三年，入美國明尼蘇達州立大學就讀，兩年後授學士學位，隨即進哈佛大學法學院，專攻國際法，一九二七年，獲法學碩士學位，是年冬取道英法等國遊學，一年後歸國。

一九二九年夏，時昭瀛應聘任國立武漢大學法律系副教授，後升任教授；一九三四年，應駐蘇聯大使蔣廷黻之力邀，赴莫斯科任一等秘書，時昭瀛以為出任外交工作為戰時報國捷徑，乃不顧職位之高低，欣然赴任，一年後升參事銜一秘，開始其一生的外交官生涯。

## 轉任外交官逐級升遷

一九三七年，奉調離俄返國接任外交情報司長，次年外放駐加拿大首府渥太華總領事，一九四一年，改調南非約翰尼斯堡總領事（兼管南非事務），數年之間，全力投入領務工作，頗多建樹。

抗戰勝利後，時昭瀛申請回部服務，一九四七年，復任情報司長，並兼外交部發言人。後因戡亂戰爭失利，乃奉部令率部分同仁攜帶大批百年來外交卷宗及印信，隨中樞疏遷至廣州、重慶及臺北等地。在遷臺之中央部會中，外交部所存檔案最稱完備，因此甚受層峰嘉許。

## 處事勤奮才幹卓越

一九四九年十二月九日，行政院遷臺辦公，時昭瀛獲升任常務次長（常次胡慶育升政務次長，原政次董霖辭職赴美任教），仍兼情報司長，綜理部內人事、總務、新聞及秘書等業務，當時人員精簡，時昭瀛事必躬親，不辭勞怨，葉公超外長對其卓越之才幹、認真的作風，甚為敬佩，更視其為「畏友」。

時昭瀛任次長長達七年，全年無假日，常以部為家，身心透支過度，出現高血壓及心血管疾病，葉外長為獎勉其多年之辛勞與貢獻，一九五七年，特別向蔣介石總統推荐其出任駐巴西特命全權大使。

## 英年早逝令人惋惜

越年，時昭瀛不幸病逝於巴西首都聖保羅任所，享年僅五十三歲。消息傳至國內，各界均深表哀悼，當局更為國家失去一位傑出的外交幹才而惋惜不已。

（《世界日報》，二〇〇六年七月八日）

# 雷法章才德兼備

雷法章，湖北漢川人，一九〇二年（清光緒二十八年、民國前十年）生。家本清寒，幼年失學，但決志自立，負及武昌基督教會學校工讀，以穎異勤奮，秀出群倫，自中學至大學成績均優，且曾一度名列高中畢業生會考第一名。

## 受知於張伯苓、沈鴻烈

一九二三年夏，雷法章自武昌中華大學畢業，先受聘安徽蕪湖市聖雅各高中英文教員。次年北上天津，受聘為南開中學訓導主任，並兼教英文凡八年餘，其受知於名教育家張伯苓（南開中學及南開大學創辦人及校長），蓋自此始，雷法章學養之深厚與外語能力之卓越，皆植基於此時。

一九三二年一月，沈鴻烈出任青島特別市市長，聞雷法章賢能，遂延攬其為教育局局長。時北方局勢不安定，青島華洋共處，不易治理，雷法章以青壯之年，秉其知識及工作經驗，悉力以赴，而績效斐然。

雷法章任局長六年，其主要建樹有：

（一）首創市民識字補習班，掃除文盲。

（二）分區普設「完全小學」，提升初級教育水準。

（三）在市立中學增設職業、語文科實用課程。

（四）興建可容納二萬人的體育場，以承辦第十七屆華北運動會，並藉此場地培養運動及健身風氣。

（五）重視童軍及軍事訓練，儲備戰時人力之需求。

## 先後任山東省及中央要職

一九三七年七月，抗戰軍興，同年底青島市棄守前夕，雷法章匆促中將家屬遣退回武漢，仍堅守崗位，完成最後任務始隨軍西遷。

次年元月，沈鴻烈出任山東省政府主席，旋電召雷法章前往相助輔佐，起初並無任何名義，九月時始任省府委員；一九四〇年四月，兼任省府秘書長，後又兼省訓練團教育長、省民政廳廳長各要職。

迄至一九四一年夏，沈鴻烈奉召赴渝，省政由雷法章代行，他以肆應之長才，協調軍民與省境日軍及共軍周旋凡半年，日軍及共軍均恨其礙事，欲加害之。卒以吉人天相，倖免於難，因而更見重於沈鴻烈。

同年底，沈鴻烈調任農林部部長，力荐雷法章為政務次長。農林建設業務本非雷法章之專長，但以其睿智與勤勉，鉅細靡遺，均深入瞭解。

一九四四年春，雷曾代表沈部長出席國民參政會，提出部務報告，中肯暢達，竟獲全場之讚賞，大會主席張伯苓（時任參政會副議長，議長由蔣介石主席兼任）當眾揄揚。

同年八月，沈鴻烈他調，由盛世才（時任新疆省政府主席）繼任農林部部長，雷法章則轉任內政部常務次長（部長為張厲生），十月奉派赴外蒙古，參觀公民投票事宜，蘇聯在外蒙古經營多年，企圖鼓勵外蒙古獨立，雷法章周旋壇坫，不辱使命。

## 調浙江省及考試院秘書長

一九四六年四月，沈鴻烈出任浙江省政府主席，再以雷法章為省府秘書長。浙江人文薈萃，時當戰後不久，百廢待興，雷法章輔佐沈主席綜理省政，備極辛勞。

國府於一九四八年五月實施憲政，以張伯岑為考試院院長，張伯岑力挽雷法章為秘書長（於七月就任）。

次年大局逆轉，南京棄守，考試院正副院長張伯岑（因病獲准滯留天津休養）、賈景德（轉任閻錫山內閣之秘書長）相繼離職。

鈕永建奉命代考試院院長，雷法章責任更為艱鉅，他率領部份同仁，輾轉由南京經廣州、重慶（僅部分同仁前往），後均安抵臺灣臺北。

其後數年，雷法章協助鈕代院長規劃考銓業務，迅速恢復高普考及特種考試，並爭取預算，探勘土地，籌建院部辦公廳舍，貢獻良多。

## 長期掌銓敘績效卓著

一九五三年四月，鈕代院長因病懇辭獲准，蔣介石總統提名賈景德、羅家倫為考試院正副院長，雷法章以任公職有年，懇辭秘書長職務。

賈景德挽留無計，但仍屬意其繼為考銓行政盡力，次月初賈院長特陳報層峰，建請以雷法章為銓政首長，總統乃特任其為銓敘部部長。

雷法章任銓敘部部長至一九六三年五月辭卸仔肩①，後受聘為總統府國策顧問，前後執掌銓政長十一年一個月，貢獻良多，主要貢獻有：

（一）完成公務員任用、俸給、考績三法之立法，開創人事法制之新貌。

（二）積極研議推行職位分類制度，建立人事革新之新貌。

（三）實施公務人員保險制度，使數十萬公教人員受惠良多。

## 協助王雲五完成行政革新報告

一九五八年三月，雷法章受聘為總統府臨時行政改革委員會委員（其他委員有謝冠生、黃季陸、嚴家淦、周至柔、馬紀壯、周宏濤、阮毅成），協同主任委員王雲五（當時為行政院副院長），在十個月內完成政府行政革新之全面性研究報告，奠定爾後臺灣進步發展的基礎。

雷法章曾任總統府光復大陸設計研究委員會委員，及受聘為中國國民黨中央評議委員多年，又被推為湖北同鄉會理事長二十餘年，創辦《湖北文獻》季刊②，籌募在臺鄂籍學生獎學基金，舉辦各項聯繫鄉誼集會、慰問與濟助老弱殘疾無依之鄉親等。

## 籌辦專校、投入宗教外交

雷法章自辭卸公職後，曾重操教育舊業，籌辦「新埔工業專科學校」，出任董事長及校長，培養人才無數。

一九六六年，他以訪問學者身分，應聘美國夏威夷大學東西文化中學講學一年。

返國後，則全力投入宗教外交活動，多次率領基督徒訪問團赴歐美各國，參與國際宗教會議，並促成宗教會議，並促成「中美基督教友同盟」之成立，以其優異的外文素養，為跨國宗教連繫及國民外交盡心盡力。

一九八八年八月二十八日，雷法章溘逝於臺北三軍總醫院，享壽八十七歲；次年三月，總統頒佈褒揚令。

## 家庭美滿、公務員典範

雷法章夫人文萍枝女士，相夫教子，賢淑溫良，育子二、女四，均學有專精，事業有成。其中長女愛玲，服務外交界有年，曾任駐關島領事、駐美大使館二等秘書、一等秘書、駐美代表處顧問。次女愛珞，適曾憲揆，曾氏為外交才俊、西班牙馬德里大學博士，曾任駐西班牙大使館參事，外交部中南美洲司長、駐巴拿馬、玻利維亞等國大使，一門蘭桂，為人稱羨。

法章先生學識宏通，博聞強記，而好學深思，至老不倦，他的老長官沈鴻烈即曾許以「百科全書」之美譽；其為官清正，任事勤勉，公私分明，有遠見有魄力，廣受國人敬重，足為公務人員之典範也。

### 註釋

①雷法章一向重視人才之培養，以其在銓敘部長任內，部內同仁經一段時期歷練後外調，後均成為政府各部門之行政幹才，譬如：

（一）邱創煥先後擔任中國國民黨第五組副主任、臺灣省社會處長、中國國民黨中央社工會主任、行政院政務委員、內政部部長、行政院副院長、臺灣省政府主席、考試院長。

（二）徐立德曾任經濟部人事處幫辦、處長、行政院經合會人力小組副執行秘書、行政局參事兼組長、財政部常務次長、臺灣省財政廳廳長、財政部部長、經濟部長、中國國民黨副秘書長兼財委會主任委員、行政院副院長兼經建會主任委員。

（三）王正誼曾任總統府人事處長、行政院人事行政局局長，後因涉案判刑。

（四）余鍾驥曾任臺北市政府主任秘書、秘書長、中國國民黨臺北市黨部副主任委員、主任委員、國民大會副秘書長。

②雷法章在理事長任內，先後聘請湖北大老萬耀煌及劉先雲為季刊發行人，顯示其對文獻之重視；萬耀煌曾任陸軍大學及中央軍校教育長、湖北省主席、中央訓練團教育長、革命實踐研究院主任。劉先雲曾獲選立法委員，後轉任湖北省政府秘書長，來臺後任臺灣省教育廳廳長、教育部司長、臺北市教育局局長、中華電視公司總經理、考試部政務次長、考試院秘書長。

（《世界日報》，二〇〇八年六月廿一日至廿三日）

# 尹仲容：臺灣經濟起飛的功臣

## ——國家利益永遠重於個人毀譽

### 出生官府書香世家

尹仲容，湖南邵陽人，一九〇三年（清光緒二十九年，民國前九年）生，祖父錫綸公，同治丁卯年中舉人，曾任刑部主事、廣西鎮安知府。父光勳公，亦曾在清末江西南昌任計政主管（尹仲容誕生於南昌），民國建元後供職內務部及安徽第四區行政專員公署。

母石太夫人守箴，為浙江溫州知縣石公玉麒之次女，幼讀詩文，曾首創南昌正蒙女校，任校長凡二十四載，以「開婦女辦學之先河」知名全國，生有四男四女，尹仲容為次男。

尹仲容生長在官府書香世家，自幼好學不倦，父母督教甚嚴。七歲就讀母親所辦之正蒙女校，一九一六年（民國四年），升學南昌心遠中學，次年隨兄姊赴滬，考入南洋公學附屬中學肄業。

## 大學畢業任職交通部

一九二一年畢業，以成績優異直升南洋大學（後改為交通大學），習電機工程，一九二五年夏，以全系第二名畢業，並被選為斐陶斐學會會員（嚴家淦亦曾為會員），旋派往北京政府交通部電政司實習。

一九二六年夏，尹仲容自京返贛，與程湛英女士在南昌結婚，程女士為江西新建程天放之姪女，婚後同返北京。次年春，尹仲容轉往南昌市公用局任職，旋應李熙謀教授之邀，任國立中山大學助教。半年後，軍委會交通技術學校教育長李範一博士，堅邀其到校任中校教官。

一九二九年五月，尹仲容任安徽省建設廳技士（廳長為李範一），旋調秘書。同年底，李範一調陝西省教育廳廳長，李邀尹仲容同赴西安，尹任該廳秘書兼社教科長。

一九三一年，李範一轉任交通部電政司司長，李又邀尹任該司科長。尹仲容在職四年，對監督改裝各大城市長途電信網、清理電信外債、建立電政人事制度、合併有線電話局與無線電報臺等等，貢獻良多，一九三五年，升任幫辦，持續推動上述改革事項。

次年，以朱家驊及霍寶樹兩人之推介，尹仲容出任中國建設銀公司協理，該公司為宋子文創辦，宋子安任總經理，業務範圍為聯繫政府機構、國內外銀行，扶持各類企業、發展農工商業，宋氏兄弟對尹仲容信任有加，完全授權其主導一切。一九三七年十一月，日軍佔領上海，中國建設銀公司遷香港，尹乃飛港繼續任職。

## 資委會派尹赴美國紐約

一九三九年冬，尹仲容奉資源委員會聘為國際貿易事務所紐約分所主任，辦理中國戰時所需國防物資之採購，全分所職員僅三人，責重事繁，辛勞異常。

次年，國府在美國華府成立中國物資供應公司，尹仲容又奉調該公司任通訊組長，主持戰時通訊器材採購業務，此後經常往來紐約與華府兩地，工作更形繁劇。

一九四三年六月，聯合國糧食及農業會議在維吉尼亞州舉行，尹仲容任中國代表團團員（團長為郭秉文），會期十七天。

一九四四年七月，中國物資供應公司結束，尹仲容卸除兼職，返紐約專責資委會國貿分所職務。次年八月抗戰勝利，十月尹仲容獲頒勝利勳章。

十一月，應行政院長宋子文電邀返國，任行事院參事，襄贊經濟行政機要業務，並隨宋院長赴北平、上海、南京視察接收事宜，二年後辭職回滬定居，奉養雙親。

## 來臺服務生管會與中信局

一九四九年四月，尹仲容自滬乘輪來臺，母親及兒女同行（父親已於上年病逝），六月，臺灣區生產事業管理委員會成立，臺灣省政府主席陳誠兼該會主任委員，特聘尹為駐會常務委員，旋升副主任委員，實際負責會務。

一九五〇年十一月，尹仲容受任中央信託局局長，仍兼臺灣區生產事業管理委員會副主任委員，深受行政院長陳誠之器重，職權加多，責任感亦倍增，然其腸胃病及痔疾等均未獲得改善。

一九五三年七月，行政院增設經濟安定委員會，尹仲容受任該會委員兼工業委員會召集人。經安會主任委員由臺灣省政府主席俞鴻鈞兼任，嚴家淦、張茲闓、徐柏園、尹仲容、沈宗翰、王蓬等為委員。

## 出任俞內閣經濟部長

一九五四年五月，蔣介石獲國民大會票選連任行憲第二任總統，陳誠當選副總統，蔣提名俞鴻鈞為行政院院長，獲立法院院會投票同意，新內閣於月底組成。

尹仲容受命特任行政院政務委員兼經濟部部長，仍兼中央信託局局長及經安會工業委員會召集人。

## 爆發揚子公司貸款案

一九五五年三月初，爆發揚子木材公司貸款案（胡案），同月十五日，尹仲容被立法委員郭紫峻在立法院質詢中，指控其主持中信局業務上，有官商勾結之事實，尹仲容於十九日赴監察院報告胡案貸款處理經過，同時向行政院呈請辭卸中央信託局常務理事兼局長及政務委員兼經濟部部長兩職，惟兩者均被慰留。

後因此案被檢方提起公訴，尹仲容遂於七月二十六日，再度向俞院長呈請辭職，旋奉俞批示：「在應訴期間可准停職，並派政務次長徐鼐代行部務。」

迄至十二月一日，因尹仲容一再向層峰表示，懇請在訴訟期間免除其本兼各職，終獲准辭職。此後，尹仲容完全投閒，除因訴案出庭外，只在家讀書侍母，並蒐集郭嵩燾的生平資料，準備撰述《郭嵩燾年譜》，傍晚常往植物園散步，有時遇到來此督建圖書、博物、藝術及科學各館（即南海學園）的教育部部長張其昀，他們會在園中小坐聊天。

張其昀曾盼尹仲容將撰述中的著作，交他列入「中華文化叢書」出版，兩人談的都是學術與史料方面的問題。

一九五六年二月二十九日，「胡案」再審宣判無罪確定後，尹仲容心情保持平靜，仍閉戶讀書，除從事《郭嵩燾年譜》之編纂及續撰《呂氏春秋校釋》乙書外，並潛心於臺灣經濟發展政策之研究。

## 再被起用身兼多項要職

一九五七年八月，尹仲容被層峰再度起用，畀以要職，任命為行政院經濟安定委員會委員兼秘書長（原任秘書長錢昌祚改任行政院外匯貿易審議委員會副主任委員）。

次年三月，尹仲容出任行政院外匯貿易審議委員會主任委員（行政院院會通過修正外貿會組織規程，主任委員不再由財政部長兼任）。

九月，行政院美援運用委員會改組，由行政院陳兼院長辭修（誠）兼任主任委員，尹仲容奉派為副主任委員，負實際主持之責。

一九六〇年七月，尹仲容奉命再兼任臺灣銀行董事長（總經理由周友端繼任），從此身兼經濟政策、美援運用、對外貿易、外匯及金融要職於一身，其受到蔣介石總統、陳誠副總統兼行政院長之重用於此可以概見。

此後尹仲容職責更形繁劇，體力與精神耗損甚多，加上他沒有嗜好，沒有運動習慣，星期假日依舊辦公，公餘還要閱讀外文書刊以增進新知，幾乎是持續透支身體度日，面容已顯露出疲態。

他的部屬與家人都勸他多休息，但他責任心與抱負感重，完全沒顧慮到自己的病痛。

## 身患重病住院未滿一月辭世

一九六二年十二月二十六日，尹仲容因全身疲倦、飲食無味，兼便血嚴重，遂入榮民總醫院檢查，經診斷為急性肝炎，乃住院治療。

尹仲容自入院後，病情日重，多次檢驗發現肝內有鉤狀寄生蟲外，並有腹內積水、肝臟擴大、高血糖及心律不整等併發症。

延至次年元月中旬，病症更形危急，蔣介石總統偕夫人、陳誠兼院長伉儷，均多次前往病房探視，嚴家淦、楊繼曾及沈怡等會商，擬向美軍洽軍醫院專機，護送尹仲容赴美就醫。

但榮總主治醫師丁農教授（當時為內科部主任），顧慮到長途飛行勞累，會不利於尹的病況，此議遂作罷。

陳誠兼院長即電請美國腸胃科權威醫師巴瑞特來臺會診，元月二十日巴瑞特抵臺北，即赴榮總探視，尹仲容尚能與之略談病情，惟雙手抽搐不已，巴醫師評斷為肝昏迷前奏。

次日夜，尹仲容又吐淤血半公升，逐漸陷於昏迷現象，陳誠急電邀請香港名醫張光璧醫師飛臺加入會診。

元月二十三日晨，尹仲容病情益惡，雙目睜視，皮下發現血點，醫院發出病危通知，至夜九時病情逆轉，群醫束手無策，延至次日凌晨一時二十五分，仲容先生似「心有不甘」地離開人世，辭世兩天後才閉上雙眼，享年六十一歲（一九〇三年—一九六三年）。

## 辭世前受洗歸依為基督徒

尹仲容畢生忠勤謀國，日夜辛勞猝逝於任內，政府當局與社會各界莫不同聲歎息，認為係國家的重大損失。

尹仲容在辭世前六日，於病榻前，曾接受洗禮歸依為基督徒，由臺北懷恩堂牧師周聯華主持，故一月三十日晨八時之喪禮先以追思禮拜儀式進行。

陳誠副總統伉儷及數百官員親友參加，由臺北周聯華牧師主持並證道，好友沈怡（前交通部部長）報告尹仲容生平事略，言語沉痛，數度感傷落淚，來賓也無不垂淚泣下。

## 喪禮隆重身後備極哀榮

追思禮拜結束，隨即舉行大殮，後由嚴家淦、徐柏園、沈怡、陳雪屏於棺上覆蓋國旗。九時公祭開始，政府機關及民間團體七十餘單位參加公祭，親友及民眾前往致祭者多達五千餘人。

午後二時出殯，執紼者千餘人，送殯大小車輛四百餘，送殯行列長達三里；三時許，靈車抵達陽明山第一公墓，陳誠副總統親臨獻花，家屬復向靈柩祭奠，到場均含行禮。寒風夕照，感人欲泣，這位有功於臺灣經濟發展的巨人從此長眠陽明山麓矣！

四月二十三日，蔣介石特頒褒揚令，讚揚尹仲容為臺灣經濟開創新局的貢獻；自其病故以來，各日晚報期刊相繼於社論、專欄與專文中表達悼念，各界人士追思文字達百餘篇，中外政要友人唁電亦近百通，身後可謂備極哀榮。

## 絕對廉潔的人格特質

尹仲容辭世已歷四十五年，國人仍對他懷念敬佩有加，工商業界對他更是感激在心頭，近代史家多肯定他致力於臺灣經濟建設的貢獻及績效，而仲容先生的人格特質尤其令人追思不已。

尹仲容的廉潔是官場少見的，以下三事可證明之：

（一）兼職不兼支薪，他最近忙時曾兼過五處職務，但僅月支美援會薪俸五千餘元供家用，臺銀支加班費一千元孝敬母親。

（二）不支國內出差費，他任職美援會赴中南部視察，該會秘書處長張繼正將其出差費送至公館，當晚返家知悉此事，即怒責其夫人不應收下，尹夫人謂此費明日一定交司機送還，但希勿條諭屬員一體照辦，害他人少一份收入。

（三）不修繕住屋不購置家具，他向勸其換一戶較寬敞住宅的朋友笑稱，要大房子餵蚊子嗎？也曾勸他換新座車的部屬鄭息說，政府財政收入少，不應與他國官員比，坐舊車就可以了。

尹夫曾聽了陳誠夫人的建議，購入幾張較好的椅子作為接待外賓之用，尹從國外歸來，反問其夫人，妳發財了嗎？可曾有坐不慣舊藤椅就不再來訪的外賓嗎？從此家中沒有再更換家具。

## 為官正直有錯必改

一九五〇年秋，各報刊出一則「尹仲容啟事」，重點是說：「仲容初長中央信託局，歡迎工商界對本局，應興應革事宜多所建言，俾期改善。」內容頗為誠懇。

當時臺北市有一位湖南籍商人正經營進口貿易，常參加中信局招標生意，乃興之所至修函尹仲容。不久接到局方來信約至局長室晤談，見面時此君在連稱久迎之餘，攀邵陽鄉情，此君甫出，尹仲容面容驟變。

尹仲容以很不客氣態度說：「請你注意，我為官多年，一向就事論事，不講同鄉關係的。」此君聽後也很氣憤，大聲說：「局長，你不登報求賢，我才不來哩！」尹仲容亦吃一驚，稍後答稱：「好吧，聽聽你的高見。」此君乃滔滔不絕，暢談了半小時。尹仲容聽後表示：「你的意見很中肯，我任中信局長，有錯必改。」

隨後撥電話給副局長周賢頌，介紹此君立即去看周副局長，進一步洽談細節，並在送客時說：「歡迎你常來，將民間的困難告訴我。」

此事經尹仲容機要秘書無意間跟同事提及後，就很快的傳開了。

## 用人只問才德不講關係

尹仲容用人完全考慮能力與品德，據筆者的鄉長周君亮回憶，一九五三年六月，中央信託局秘書處長出缺，尹仲容要他繼任。

而當時他在民營企業工作，僅是該局設計審核委員會兼任委員，與尹仲容並不甚熟，他考慮到秘書處長主辦機要、文書與總務等事項，依慣例首長常用追隨多年的部屬擔任，周君亮遂將此意向尹仲容說明，請其另行考慮。

但尹仲容甚為堅持，周君亮只好接受，做了幾個月之後，他發覺秘書處長並不難做，原因是局長公私分明，他只須依照規章辦事，絲毫無須照顧首長的私事，尹夫人也從不麻煩公家辦理家中的事務；而且這時他也瞭解到，尹仲容並非如傳聞中的才高氣盛，雖然有時疾言厲色，但只有部屬據理力爭，尹仲容被說服了，就會改變態度，接受不同的意見，顯然並非脾氣暴躁，而是言談坦率，使很多與尹仲容長期接觸的人，往往有「溫暖」的感受。

## 擇善固執不計個人毀譽

尹仲容來臺後一直擔任產業、貿易、美援、外匯與金融方面的重要職務，他對政策的觀察決斷，事後看來確具有卓識與遠見，而在政策研討的階段，他往往擇善固執，容易得罪人，也會引發強烈的爭議。尹仲容只知國家利益重於個人毀譽，一切以完成政府的目標為要務，這種「任怨」精神的高度昇華，令人永遠懷念。

尹仲容中英文俱優，學問極好，又富於幽默感，朋友都感覺與他聚談是一種「享受」。政府官員最怕開會，但由他主持或他參加的會議，便使人毫不感到疲累。無論問題有多複雜、發言意見有多紛歧，他一發言便掌握到事情的重點，立刻提出了解決的要領。如果還有爭執，他能以簡單幽默的詞令，使與會者會心一笑，化解了歧見，決議很快就形成了，這是尹仲容獨到而他人不可及的長處。

## 思考週詳勇於承認錯誤

尹仲容思考週詳，對事情的判斷往往十分正確，他的記憶力極好，對數字、對事情常常比當事者還要清楚，即使是很複雜的問題，都能要言不煩，指示可行的解決之道，這是他的過人之處。

只要有人確實指出他的主張錯誤，尹仲容不問是何種身分都欣然接受，如他曾表示汽車駕駛及三輪車夫可以收受外幣，減少剛抵達臺灣之外賓的不方便，不久知悉財政部部長嚴家淦反對有其道理，即在電話中向嚴財長承認自己的錯誤。

## 口舌鋒利用人惟才

尹仲容因口舌鋒利而常招禍，據其老部屬張駿回憶，在某次工業委員會會議中，他在場聽到某位委員向尹仲容報告一件事的經過時說：「此事OK俞（指俞鴻鈞院長）已經同意。」尹仲容則說「Everything OK, everything not OK」，這本是有口無心之談，但經人轉述，甚至加油添醬，據聞俞鴻鈞獲知後甚感不悅，後遂有俞、尹兩人不和的傳言。

尹仲容用人都是經由嚴格的挑選，新創的單位編制都很小，譬如他在美國主持的貿易分所，只有三個人，臺灣生產會不足三十人，工業委員會開始時僅二十人，多係慕名延攬或公開考試，沒有任用一位私人。

## 孝行感人公而忘私

尹仲容公忠體國，自來臺以後，身兼要職多項，但他從不徇私，處事又謹慎，辦公開會甚忙迫與緊張，故長期下班甚遲，返家後如見老夫人不在，必詢問老夫人去何處，用晚餐畢，必親自去接回。尹老夫人體力素健，常在親友家打牌消遣，倘老夫人餘興未了，尹仲容也不進入友人屋內，就在車上閱讀資料或小憩，耐心等候，之後才同車返家，事雖小節，足見其孝行感人。

## 積勞成疾老母傷痛

有人說：「尹仲容是累死的。」應該很貼切，因為他公而忘私，從不顧惜自己的身體。其病故前四年（一九五九年）八月四日，曾致函老友譚伯羽（為陳誠的妻舅，任職國際貨幣基金會）曰：「弟自副手上山下海以後（指外貿會副主任委員馬潤庠調國防研究院第一期受訓、美援會秘書長錢昌祚赴日本考察三個月），無片刻之暇，每日須七時以後始歸，即已筋疲力盡，加以自去年以來，精神大不如前，即勉強握管，亦有所不能，老態日增，以弟從來所未曾感到者也。」從而可見其病因早已種下。

鄂籍前輩周君亮曾告訴先父說，尹仲容晚年可謂渾身是病，經常便血，又曾數次咯血，胃腸呆滯，面色永遠是黯黃的。

等到聽醫師的勸告去檢查身體，尹仲容才發現自己的健康大有問題，只好住院治療。從此其病情愈來愈嚴重，直到幾乎快昏迷時尚念及老母親，希能見上一面。

此時九十歲竹的尹老夫人尚不知兒子病重，家屬恐怕她會憂心，謊稱尹仲容出差未回。及至辭世，家屬更顧慮老夫人不堪受此打擊，只好瞞下去。

瞞一天算一天，一直到老夫人在女兒處發現親友的「慰問」信函，才曉得兒子已離開人世，老夫人傷病昏倒，數日不食不語，半年後逝世，這真是人世間至為哀痛而又無奈的事情。

## 仲容先生令人永念難忘

中華民國政府遷臺後，有不少像尹仲容這樣的官員，才有後來經濟繁榮與全民富裕的實現，其中以仲容先生最令我們永遠欽佩與感念。

（《世界日報》，二〇〇八年六月三日—十四日）

# 記恩師黃正銘教授

恩師黃正銘教授於一九七三年五月廿三日仙逝，驚聞噩耗，內心悲痛不已。筆者有幸得以識荊，在大學時代曾忝列正銘師門下，畢業論文亦承其費心指導，多年來深受他的教誨與厚愛，對個人為學處世皆有極大的啟示。正銘師志節之高尚、治學之嚴謹與誨人不倦之風範，早為學界所共知，不待贅言，謹就個人極有限之所知，略述恩師之生平與著述，以示永念不忘。

## 任教中大政治系主任及大法官

正銘師，字君白，浙江省寧海縣人，一九〇四年生（清光緒三十年，民國前八年）生。自幼勤奮好學，一九二四年，畢業於浙江寧波第四中學，旋考入國立中央大學政治學系，一九二八年，以全校第一名成績畢業。正銘師與寧波第四中學前二屆畢業生戴運軌與張其昀兩氏私交甚篤，他們皆以寧波四中傑出校友同在中央大學任教多年，且在學術上均有傑出的成就，一時傳為美談。正銘師自中大畢業，先後在法界任職及學校任教。一九三三年十月，獲倫敦大學政經學院獎學金赴英，專攻政治學及國際法，越二年，即民國廿四年十二月榮獲法學博士。次年二月，應母校中大之聘，回國擔任政治系教授，講授國際法及外交史課程，教學認真，受學生愛戴，一九四三年八月兼任政治系主任，直到一九四五年四月始獲准辭職，隨即被政府任命為外交部亞洲司司長，一九四七年七月離職，改聘為外交部顧問，同年八月至一九五〇年七月應聘臺灣大學，專任政治系教授。一九五一年夏，奉總統蔣介石提名為司法院大法官，連任三屆，任職垂廿二年之久，極受法界人士的尊重與推崇。正銘師在大法官任內仍兼臺大法學院教授，熱心教學，培育青年，誨人不倦，始終如一。

一九五四年起正銘師兼任教育局學術審議委員會常務委員，同年任中央研究院通訊研究員，一九五九年任行政院長期發展科學委員會委員。政治大學在臺復校後即兼該校外交研究所教授，講授中國近代外交史。文化大學於華岡創校後，應張創辦人其昀禮聘，兼任該校政治研究所教授，講授國際法專題研究，每年並指導研究生中成績最優的一、二人寫碩士論文，正銘師學識淵博，要求嚴格，由他指導過的論文，皆逐字過目修改，因此研究生都有優異的成績表現，深受學術界重視。

## 藏書捐贈文大圖書館

正銘師於一九三二年與程國驯女士認識，旋同赴英倫，一九三六年在德國柏林結婚，返國後黃師母亦先後任教國立重慶大學及中央大學等校，來臺後一直任臺灣師範大學教授。正銘師公子人強，現年十六歲，就讀大華高中二年級，家庭生活幸福和諧。

正銘師於一九六一年二月十二日受洗，為一虔誠基督徒，他對學術懷有宗教家的熱忱，久而彌堅，生平藏書頗富，來臺時悉未攜出，之後搜藏尤勤，十餘年所藏中外珍貴書刊萬餘冊，生前全部贈送文化大學，該校圖書館特設「君白文庫」珍藏，嘉惠青年，永為萬千學子所欽仰。

## 應邀赴各國開會及參訪

正銘師在英倫求學時，曾遍遊英國各地，學成歸國時並經德法等國遊歷數月，考察各國政情。一九四八年，隨我國首席代表王世杰博士出席巴黎聯合國文教組織成立大會，會後重遊歐洲各國。一九五八年應美國國務院邀請訪美兩月餘，為我國以大法官身份訪美的第一人，頗受美國政府敬重，除國務院派官員沿途陪行外，各州及市政府均盛大歡迎，新奧爾良市贈正銘師榮譽公民證，並頒金鑰，尼布拉斯加州贈予「海軍上將」榮譽，明尼蘇達州授予北極星勳章，各地方報紙（如新奧爾良時報）均報導其訪美消息及對世局的評論，正銘師在美考察的主要內容包括美國的法律與訴訟程序、法學教育，並參觀一般專門研究中國語言與文化的機構。返國後，中央、徵信、新生等報刊均派記者專訪，輿論界一致推崇正銘師：「完成一次成功的國民外交旅行」。

此外，正銘師還曾先後奉派赴美國、法國、西德、日本、印度等國參加各項國際性會議，均能圓滿達成任務，不辱使命。

## 學術著作廣受重視

正銘師的學術論著，都能求其精要，發為宏論，備受學界推崇，茲簡介其數本名著於後。

（一）中國外交史─正中書局出版，為國立政治大學叢書之一，全書二五八頁，引用英國國會文件、英國與外國公文書，美國外交關係文件、故宮博物院編清宮外交史料、光緒中日交涉史料、宣統中日交涉史料等第一手史料多種，極有創見，近年曾數度再版，普遍為各大專採用為教本，銷行甚廣。

（二）戰時國際公法─天聲出版民國五十五年初版，對戰爭權限制、判亂團體、交戰團體、戰爭法規的效力及演變、戰犯審判問題、陸戰海戰問題、戰爭與中立問題等均有簡明扼要的介紹，附錄有海牙陸戰公約等，為研究國際法必備讀物。

（三）《The Legal Status of the Chinese Abroad》─本書係正銘師的博士論文，一九五四年在臺出版，論列中國人在各國的法律地位，包括地區有美國、加拿大、澳洲、紐西蘭、南非聯邦、泰國、越南、印尼及英屬馬來西亞等國，全書係就各國憲政制度、條約關係及中央或地方各級法律命令所定的地位，作一檢討，並闡述各級法院解釋上項立法所宣示的判例。

全書共四十章，一百三十二節，分為六篇，三百四十七頁，第一篇論在各國憲法規定之下，立法機關對於外僑地位的立法權限，並簡述華僑移殖史，以明各階段中國移民的史實與問題；第二篇論各國移民入境與入境限制的法規，說明中國僑民在何種情形下始能進入各國及旅行居住，並特別注意此項法規的遞嬗變革及其司法解釋；第三篇論國籍與歸化問題，即華僑能否以及如何取得居留地國籍與取得此項國籍後的地位；第四篇論華僑在各國經商與就業的限制，此為關於經濟方面的問題；第五篇論華僑以外僑地位，或在取得居留地國籍後，當地政府所設立關於公權及私權方面的限制；第六篇論亞洲各國對於華僑的司法管轄。全就中國移民的主要形式，以及法律性質的顯著問題，討論主要國家的華僑地位，上述國家可分三類，即美國、英屬各自治領及亞洲各國，實為一種代表性的選擇。華僑移民的歷史悠久，各國對於華僑的立法，以及法院有關此項立法的判決，數量實屬繁重，著者究委窮源，各別予以分析論述，引證周詳，取材淵博，是為致力最多之處。

英國名法學家勞特派切（H. Lauterpacht）曾為正銘師鉅著作序，其中有謂：「作者從分散與不易獲得的各國國內立法與司法解釋，對於華僑的法律地位，作極詳盡的論述，在同類著作中可謂無出其右，實為討論華僑問題不可或缺的參考文件。」勞氏對本書的稱道實非過譽之詞。

（四）中國人在英美的法律地位——著者為便利國內廣大讀者閱讀起見，特將前述英文名著有關美國與英國及其屬地部份加以迻譯。由商務印書館一九七〇年初版，列為人人文庫印行，為唯一討論此問題的中文著作。全書共分二十八章二七一頁。

（五）巴黎和會簡史——本書為正銘師西洋外交史講義的一部份，原稿迄未印行，一九七〇年一月應臺灣商務印書館之邀，特將其中巴黎和會部份交該館列為人人文庫出版，內容有巴黎和會的序幕（內分對德停戰、威爾遜主義與秘密條約二章）、巴黎和會的組織、巴黎和會的工作（內分德國疆域問題、國際聯盟二章）及巴黎和會的結局四篇，參考西文書籍有 Baker, "Wilson and the World Settlement"、Miller, "The Drafting of the Convenant"、Thompson, "Peace Conference Day by day"、Temperley, "History of Peace Conference of Paris"、Tardieu, "The Truth About the Treaty"等名著及法文史料，為國內專門討論巴黎和會的權威著作。

（六）黃正銘政法論文集—本書由商務印書館一九七三年三月出版，收集著者來臺後在各報章發表的政治與法律文稿，末附美國、日本及歐洲的遊記及出席歷次國際會議的觀察，都三十餘萬言。各篇均為針對爭論中的問題及重大事件加以評論，剖析之正確，素為世所重視。全稿付印前，正銘師已罹重病，本書係由黃師母代為編輯，為黃氏最後一部遺著。

以上各書皆為來臺後所出版，正銘師早年亦長於為文，作品大多發表於中大學報、三民主義半月刊及中央日報等，均引經據典，言之有物，並著有「中日戰爭與國際公法」等專書，極獲士林推重。

## 誨人不倦經師兼人師

綜觀黃正銘教授一生，其待人誠篤溫厚，其處世方正不阿，其治學精誠所至，其授業誨人不倦，不僅是一位難得的經師，而且是一位令人崇敬的人師，誠為中國士君子的楷模，撫今追昔，我心愴惻不已！

（《中外雜誌》，一九七三年九月）

# 記恩師羅時實教授

恩師羅佩秋（時實）教授逝世瞬將三載，迄未為文紀念，常感愧對師恩，歉疚於心。筆者就讀博士班時，有幸忝列先生門牆，數載親炙，絳帳春風，獲益匪淺，感念良深，爰就所知恭述先生生平數事，用誌追懷之忱。

## 進東南及北京兩大學

佩秋師，江西省南昌市人，生於一九〇三年（清光緒廿九年，民國前七年）。先生世代書香，幼承庭訓，敏而好學；民國十四年畢業於南京東南大學（國立中央大學前身），與張曉峰（其昀）、黃君白（正銘）為先後期同學，成績優異，同為校中翹楚。先生在東大就讀時，是一位思想很新的青年，一九二三年，痛恨北洋政府曹錕賄選成功，特發動全校舉辦中國總統假選舉，深獲校長郭秉文的支持，由校方印發選票，佈置票櫃，全校師生職工九百多人參加投票，結果孫文以絕大多數遙遙領先；之後，佩秋師又入北京大學修業一年，學業晉進，品德益高。

一九二一年，東大有部份認識未清的同學先後加入共產黨，而佩秋師獨不盲從，為研究共產主義之理論，特向美國訂購馬克斯的資本論三鉅冊，以極大之耐心逐字讀畢，確認馬克斯的勞動價值說過於偏激，不適合社會需要，為此常在校內與共黨同學展開激辯，力斥馬列邪說之謬誤；此後，先生又鑽研各國經濟思想史，及讀孫文民生主義講詞，對平均地權與節制資本之主張，深為嘆服，乃終身以研究、力行民生主義為職志。

## 自幼有大志參加國民黨

由於佩秋師對孫中山先生及三民主義的熱烈嚮往，一九二四年，先生在孫文老師陳去病的引介下，晉竭孫文，被孫文和藹親切的態度與淵博的學問所吸引，對孫文益加景仰；一九三五年三月十二日，驚聞孫先生仙逝北平，未越一周，十八日，乃毅然決然加入中國國民黨，自此半世紀於斯，始終為忠貞不二之黨員，畢生以實踐與宣揚主義為己任。一九二七年，佩秋師就任江西省黨部書記，同年四月二日南昌革命軍大部份移駐江蘇，中共乘機暴動，南昌情勢陷於混亂，佩秋師與好友程天放（曾任教育廳廳長、中央政校教育長、大學校長、駐德大使、教育部部長、考試院副院長等要職）等十餘人，遭共黨突襲，被囚五十餘日，飽受酷刑，寧死不屈。脫險後，對共黨之病恨益烈，也認清了匪黨邪惡的真面目，遂矢志獻身黨國，於一九二八年，入國民革命軍總司令部，擔任秘書工作，一九三九年，當選第三次全國代表大會代表，誠黨中一時之菁英也。

## 留學英倫專研經濟

佩秋師在國內曾就讀南北兩大學（北大及東大），一九二九年，復遠渡英倫，入舉世聞名之劍僑大學皇家學院（King's College）深造，師承近代經濟學大師凱恩斯（J. M. Jeynes）、皮古（A. C. Pigou）等人，專究經濟理論，斐然有成，文采煥然。佩秋師在世時謂他一生求學最幸運，在國內外均曾唸過最優良的學府，受最好的薰陶。

佩秋師服務社會以還，無論擔任公職或任教學府，不時常有見解精闢之文章發表。早年舊著，多因戰亂而遺失。來臺後出版之著作有：一、民生主義新論，二、馬克斯主義及其批判，三、資本主義的透視，四、Sunyatsenism and Acacemic Study，五、三民主義與當代思潮（此書為佩秋師晚年罹患癌症後，與病魔奮鬥的幾年內所完成的鉅著，代表他一生學術思想的精華。）其他短篇論文散見中央日報及新思潮、思想與時代、中國一周、東方雜誌、華岡學報等刊物。佩秋師中年以後，致力政治與經濟之溝通與聯繫及經濟體制之比較研究，成就卓著，博有時譽，為當代治民生主義經濟學之大師。

佩秋師從事教育工作為時甚久，早在一九二六年即返江西私立心遠學院擔任講席，抗戰時期兼任中央政治學校大學部教授，來臺後曾任國立政治大學教授。文化大學創辦後，歷任三民主義學門主任、三民主義研究所（後改名為中山學術研究所）碩士班及博士班所長，對課程之安排、優良師資之延聘、中外圖書之徵集，無不悉心擘劃，以底於成，尤以博士班網羅國內外名教授，如顧翊群、吳經熊、王雲五、陳立夫、陶希聖、謝幼偉、錢穆、薩孟武、唐君毅、查良鑑、姚淇清、唐振楚等，使該所蔚為我國三民主義學術之重鎮，厥功至偉。特別是佩秋師任教該校以來，所有鐘點費及行政津貼悉數捐出，或購置必備典籍，或設置研究生獎學金，嘉惠青年之遺愛，令人永念不已。

一九五八年，國防研究院成立，佩秋師復兼任該院文化組首席講座兼文化研究所所長（其間曾一度辭職，專任講座），迄至該院結束為止。佩秋師每能以長期傳道授業，作育英才，引為生平樂事。今佩秋師雖逝，文武學生近千人，桃李爭春，追懷師門，佩秋師依舊活在每個學子的心中。

## 年青從政備受重視

佩秋師志在研究學術，而於國家社會有益之事與　國父遺教之發揚光大，則一本革命黨人之志節，為國效勞。

一九三二年，母校東大發生風潮，新任校長段錫朋特邀佩秋師助其整頓教務，風潮遂告平息。次年應邀出任浙江省行政督察專員，民國廿三年應江蘇省主席陳果夫之堅邀，擔任省府秘書長，時僅卅一歲，誠當時之青年才俊也；民國廿八年抗戰軍興，轉任軍事委員會侍從室第三處主任秘書，襄助陳果夫主任，負責樞府人事業務，兢兢業業，夙夜匪懈，凡五年之久。民國卅九年中國國民黨實行改造，先生受知於總裁蔣介石，奉命在總裁辦公室襄贊機要，更是宵衣旰食，謀事忠勤，以報知遇之恩。後經蔣介石總統提名，經監察院同意出任考試院考試委員，垂廿年之久，為國掄才取士，不遺餘力，深受各方推崇讚譽交加。

論學講課之餘，佩秋師輒喜與學子檢討世局與國事，但絕少透露其個人在政府任職及擔任元首機要之往事。據云，政府遷臺後程天放及張其昀出長教育部，均曾邀請佩秋師擔任政務次長，以資借重；臺灣省政府多次改組，中央數次有意徵召其出任秘書長，均被佩秋師所婉拒，此亦可見佩秋師淡於名利之一面。

## 治學與教學均佳

時實教授畢其一生，以讀書為最大志趣，治學嚴謹，教學認真，提攜後進呵護彌深，著譽杏壇，高山仰止。他的學生一致欽佩佩秋師是近代中國罕有的真正讀書人，此絕非溢美之詞。

（《中外雜誌》，一九七六年六月）

# 王叔銘將軍勇敢善戰

拜讀十一月廿九日至十二月一日「上下古今」版，刊載陳建明先生「父親的空軍歲月」乙文（以下簡稱「陳文」），發現部分內容並不正確，顯然係作者記憶有誤，特就所知撰寫本篇回響。

## 黃埔軍校一期畢業改習空軍

一九四九年底國府遷臺時，王叔銘擔任空軍總部副總司令兼參謀長，一九五二年三月已升任空軍總司令（參謀總長周至柔奉命免兼空軍總司令），並無「陳文」所述「民國四十一年王叔銘兼任防空司令」；一九五七年三軍首長輪調，王叔銘調升參謀總長，原任總長彭孟緝調任陸軍總司令，並非如「陳文」所述「原總長彭孟緝回任陸軍總司令」。

「陳文」提及王叔銘任總長時期，作者父親陳衡任職總長辦公室副主任，認識許多陸軍的朋友，如宋達（部長辦公室主任）、易國瑞（政戰部副主任）等；事實上，宋達當時擔任國防部人事行政局局長（由第四廳廳長調任），易國瑞為空軍少將（後晉升中將，任內曾兼任全國籃球協會理事長），亦非陸軍將領。

讀畢「陳文」，頗受感動，使筆者想起空戰英雄王叔銘，茲就記憶所及，略述其不平凡的生平事蹟如下。

## 空戰英雄不畏艱苦

王叔銘，山東諸城人，一九〇四年（清光緒三十年，民國前八年）生，黃埔軍校一期、廣東航校一期畢業，以績優被保送蘇聯第二航空學校及飛行偵察學校受訓，學習空中攻擊、轟炸、偵察等技能，一九三二年學成返國，參與空軍組建，歷任轟炸大隊長、中央航校洛陽分校主任，抗戰軍興，任駐蘇聯大使館武官，爭取到蘇聯對我國空軍的大量援助。

一九三九年返國，任空軍第三路司令，指揮多次空戰及轟炸任務，個人出擊二百卅餘架次，一九四一年，調中央航校教育長（蔣介石委員長兼校長），實際負責校務。一九四四年，獲頒青天白日勳章及美國政府授與的嘉禾勳章。

抗戰勝利後，王叔銘參加了大部分的戡亂戰役，親自駕機在東北、平綏、陝北、蘇北、魯豫、京滬等戰場指揮空軍作戰。

## 空軍完整撤退來臺有功

國府徹退到臺灣時，空軍剩下三百餘架飛機，王叔銘出長空軍後，透過交涉，先後從美國引進一千一百餘架飛機（包含六百五十餘架最先進的 F84 型戰鬥機），飛行員素質與作戰能力也快速提高，大大增強了空軍的戰力。

空軍在王叔銘任總司令期間，執行對大陸的空投、空援計劃及轟炸任務均極為成功，故王叔銘在一九五七年積功升任參謀總長。

一九五八年，金門八二三炮戰爆發，空軍表現優異，擊落中共戰機三十二架，擊沉中共軍艦三十一艘；次年春王叔銘晉升空軍一級上將，為國軍首位空軍一級上將，同年七月調任總統府戰略顧問委員會副主任委員。

一九六二年至一九七一年，派往美國紐約任駐聯合國軍事參謀團團長，一九七二年出任駐約旦大使，三年後返國任總統府戰略顧問，一九九八年辭世，享年九十五歲。

## 勇敢善戰贏得「王老虎」稱譽

王叔銘在空軍服務近三十年，歷經大小數百戰役，勇敢善戰，從不畏敵，膽識過人，以「王老虎」

馳名軍中，廣受國人敬重。他公餘嘉愛京劇，曾創辦大鵬劇校，組織大鵬國劇團，提倡京劇不遺餘力，培植京劇人才無數，使此項中國傳統藝術在臺灣開花結果，這是叔銘將軍的另一項貢獻。

（《世界日報》，二〇〇五年十二月十七日——十八日）

# 彭孟緝將軍為何受重用

故陸軍一級上將彭孟緝①，係先父軍校前期學長，又為湖北同鄉，國府遷臺後，先父服務陸軍總部及參謀本部時，二度成為孟緝將軍的部屬，先父多承其提攜指導，情誼深厚。

近年來臺灣政治快速開放、傳媒過度自由，大陸籍軍政首長之歷史功過備受爭議，不少對彭孟緝的惡意批評並不公允。茲謹就史科及筆者之認知，撰成此篇，尚祈讀者指教。

## 自幼受革命薰陶從軍報國

彭孟緝，字明熙，湖北省武昌市人，一九〇七年（光緒卅三年，民國前五年）生，一九九八年辭世，享年九十有二。父蘇青公（彭晟）早歲追隨孫革命，先後任大元帥府秘書及國民政府參事、文官局長，夫人鄭碧雲女士，系出廣東名門，育有五男一女，均秉持家訓守正不阿，事業皆卓然有成，長子蔭剛現任中國航運公司董事長，為國際海運界領袖。

彭孟緝幼承庭訓，深受革命思想薰陶，博學多聞，文武兼資，性情豁達堅毅，漢陽文德書院畢業後，赴廣州考入中山大學就讀，因自幼愛國心切，遵從其父從軍報國的庭訓，乃轉入黃埔陸軍軍官學校第五期砲科，在校成績優異，受校長蔣介石提攜，畢業後由軍委會保送至日本野戰砲兵學校及陸軍大學深造，鑽研戰術及中外戰史，軍學造詣更深，故能展其所學，日後為國軍砲兵奠定作戰基礎。

一九三一年，彭孟緝學成歸國，初任陸軍砲兵學校主任教官，督教甚嚴，以革新我國砲兵為職志，培訓優秀砲兵人才眾多，對後來抗戰期間提昇砲兵火力，貢獻至大；一九三六年，陸軍成立重砲部隊，調任砲兵第十團營長，旋升團長，為我國最新機械化重砲部隊，抗戰初期，在上海保衛戰阻擋日軍攻勢，發揮火力，戰績卓著，其後轉戰南北各戰區，屢建功勳，誠訓練有素所致，一九四〇年，調砲兵第七旅副旅長，後升砲兵第一旅旅長、陸軍總部中將砲兵指揮官，至一九四五年，抗戰勝利隨何應欽將軍（時任中國戰區陸軍總司令）飛赴南京受降。在抗戰八年期間，彭孟緝指揮砲兵部隊支援前線作戰，甚著聲威，深受蔣介石委員長器重，曾獲頒勝利勳章。

## 抗戰後來臺負責治安工作

一九四六年，彭孟緝奉調高雄要塞司令，二二八事變平亂有功，戰後臺灣全島斷垣殘壁，要塞營區殘破不堪，彭孟緝竭盡心力，週密計劃，將損壞之火炮及裝備機械逐步整建，未及一年漸復舊觀。

不料次年二二八事變爆發，全力震撼，人心惶惶，彭孟緝處變鎮靜，奉上級之指示，以有限的力量，及時控制擾亂，在極短期間內，南部恢復平靜，減少無辜民眾傷害，其膽識、果決、盡職的精神，備受南京當局重視。

一九四七年底，彭孟緝奉調臺灣省警備司令，負責全臺治安，卓有成效，任內整頓社會亂象，弊絕風清；一九四九年春，陳誠任臺灣省政府主席，成立臺灣省警備總部，彭孟緝接任副總司令（陳主席兼任總司令），此時大陸形勢逆轉，影響臺灣民心士氣，物價波動，經濟動搖，且匪諜暗中活動，學潮不斷發生，彭孟緝悉心詡贊陳主席，安定危局，治安幸未惡化，貢獻甚大。

一九四九年底，中央政府遷臺，一九五〇年三月　蔣介石總統復職，臺灣省警總裁撤，彭孟緝調任臺灣省政府委員兼臺灣省保安司令部副司令②，負責全臺治安，深感責任重大，至一九五四年卸任，任內加強保防，迭破匪諜案，維護運輸通訊、統籌戰略物資，維持社會保防，卓著成效，深護層峰倚重。

彭孟緝在保安副司令四年任內，除兼任臺北衛戍司令外，先總統　蔣公並交付幹部訓練工作，以培養其人望，圓山軍官訓練國成立，彭孟緝兼任教育長，調訓三軍各級幹部，教澤宏敷，作育功宏，繼兼任革命實踐研究院代主任，調訓全國機關學校重要文武官員，教澤宏敷，其間並奉命入國防大學聯戰系第二期受訓，並獲晉升陸軍二級上將銜。

## 調升副總長、總司令及總長

一九五四年六月，政府為貫徹三軍首長任期制度，彭孟緝奉調升副參謀總長，主管軍令，同時晉升陸軍二級上將（總統府參軍長桂永清調升參謀總長，前陸軍大學校長徐培根調副總長，主管軍政），桂永清接任總長不到一個月因心臟病突發去世，彭孟緝奉命代參謀總長，一年後獲真除，一九五七年，任期屆滿，奉調陸軍總司令，一九五九年，二度任參謀總長，並晉升陸軍一級上將，一九六五年，調總統府參軍長；歷時十一年期間，除一任總司令外，擔任總長長達九年，任內建立兵役制度，充裕兵源，改良裝備器械，增強三軍戰力及外島防禦能力，使國軍邁向現代化，鞠躬盡瘁，績效彰顯，貢獻至大；彭孟緝於總長卸任時，奉頒國家最高榮譽之青天白日勳章，三軍統帥　蔣公特召見獎勉。

## 奉派駐泰及駐日大使

一九六六年，彭孟緝卸除軍職，派赴外館服務，先任駐泰國特命全權大使，一九六九年，轉任駐日本特命全權大使，折衝樽俎，先後凡年餘，一九七二年，受國際局勢影響，中日斷交，彭孟緝回國，行政院蔣院長經國曾親往機場迎接，旋任總統府戰略顧問，迄至民國一九九八年病逝。

綜觀彭孟緝一生，忠勤謀國，為何受當局一再重用，歷任戰鬥部隊、治安、訓練、外交等工作，膽識過人，果斷堅毅，獻替良多；統率陸軍及擔任參謀總長，治軍剛柔並濟，掌罰分明，勳績彪炳，曾奉頒勝利、雲麾、寶鼎、青天白日勳章及外國頒贈勳章數十座，功在國家，望隆朝野。

## 屢獲當局重用之因素

彭孟緝在抗戰末期才晉升中將，政府遷臺後受蔣介石長期重用，由保安副司令而副總長、代總長、陸軍總司令、二度任總長，卸除軍職後並出使重要的幫交國家泰國及日本，主要係以下幾個因素：

（一）彭孟緝於一九四六年抗戰勝利不久即來臺，與大陸失守無關，其他將領均隨國軍於一九四九年後退守臺灣，蔣公認為他們應對作戰不力負一定責任。

（二）彭孟緝在二二八事變中，妥善應變，迅速控制動亂局勢，處置得宜；其後在保安副司令任內，維持治安，鞏固復興基地安全，貢獻至大。

（三）彭孟緝在代總長、總司令及總長任內，竭盡心力，提昇國軍戰鬥力，對層峰交付之任務均能圓滿達成，功勳卓著。

（四）彭孟緝是一位有人文素養的將領，深諳領導統御中庸之道，故能在軍中逐漸建立其威望，對層峰交付之任務亦均能圓滿達成。

孟緝將軍公餘喜好閱讀中外史書，自日本任所返國後，曾獲教育部特准與胡璉將軍入國立臺灣大學歷史研究所博士班就讀，其好學不倦的精神，贏得臺大師生及社會人士好評。

## 註釋

①按我國軍階規定，三軍士兵分為二等兵、上等兵、下士、中士、上士及士兵長，尉官分為少尉、中尉、上尉，校官分為少校、中校及上校，將官分為少將（一星）、中將（二星）、二級上將（三星）、一級上將（四星）、特級上將（五星）；特級上將僅有三軍統帥蔣介石一人，歷來獲頒一級上將榮銜有何應欽、李宗仁、白崇禧、陳誠、徐永昌、顧祝同、薛岳、周至柔、王叔銘、彭孟緝、黃鎮球、黃杰、高魁元、劉安祺、胡璉、劉玉章、賴名湯、黎玉璽、郝柏村、陳燊齡、劉和謙、羅本立、唐飛、湯曜明、李傑等。

②臺灣省保安司令部成立之後，司令由吳國楨、俞鴻鈞、嚴家淦三位省主席先後兼任，彭孟緝任副司令，實際主持業務，另一副司令為王潔中將，參謀長為李立柏少將，彭孟緝調升副總長後，由李立柏接任其職務，並晉升中將。

（《世界日報》，二〇〇五年六月十七日—十八日）

# 胡璉將軍戰功彪炳

故陸軍一級上將胡璉將軍，字伯玉，一九〇七年（清光緒卅三年，民國前五年），陝西華縣人，歷代務農，自幼接受私塾教育，好學不倦，奠定深厚國學基礎，年十七，自華縣農校畢業，曾考取北京大學，家人欣喜萬分，然因家境貧苦，無力升學，乃在家自行唸書，並協助家務。

## 出身黃埔四期屢立戰功

一九二五年春，孫文總理在北平逝世，胡璉見軍閥亂政，國勢艱危，內心深受刺激，乃決志從戎報國，遠赴河南開封，考入黃埔陸軍軍官學校第四期就讀（同期同學有高魁元、劉玉章兩位一級上將），一九二六年秋，畢業，隨即派至國軍基層，任廿師排長、連長，參加北伐戰役，二年後升營長，一九二九年，晉升十八軍特務團上校團長，一九三三年，因功升任六十六團少將團長，率部參加圍剿江西中共盤據地，共軍潰散逃竄。

一九三七年，抗戰軍興，胡璉已升任十八軍六十七副師長，在淞滬保衛戰中，表現傑出，後參加武漢、長沙、鄂西會戰，因功調十一師師長，胡璉經大小戰役磨練，已成為一名堪擔大任的將才。

一九四三年五月，日軍第三師團發動第三次鄂西攻勢，企圖攻佔石牌要塞，進而溯江而上，進犯巴蜀，一舉摧毀國軍後方基地，結束侵華戰爭，胡璉奉命肩負防禦任務，軍事委員會蔣介石委員長電令：「石牌乃中國之史大林格勒，離此一步，即無死所。」因友軍未及支援，十一師陷於孤軍奮戰，胡璉以「絕不辱命」回電最高統帥，並親筆寫遺書給妻子與父母親，表達犧牲成仁的決心。

## 石牌奏凱獲頒最高勳章

石牌戰役，從五月廿六日至卅一日，戰情慘烈，胡部死傷甚多，令人動容，幸胡璉指揮得宜，以必死的決心，化為堅強鬥志，圓滿達成固守石牌要塞的任務，蔣介石在陪都重慶接見胡璉，親頒青天白日勳章，並稱許胡璉為「國軍未來的將才」，旋升任十八軍副軍長，次年（一九四四），晉升中將，並接任十八軍軍長。

抗日戰爭勝利後，胡璉率部往河南、山東等地作戰，與共軍劉伯承、陳毅等所率精銳部隊交鋒纏鬥，一九四六年八月，胡璉改任整編十一師師長，同年十月，在魯西鉅野之役，以二萬餘人擊敗劉伯承十萬共軍，次年七月，復打敗陳毅十萬共軍於魯中南麻，同年十月，在魯西曹縣之役，又獲大捷，胡璉積功升至整編十八軍軍長。

在臺北市圓山忠烈祠中，列出國軍廿四次大捷中，陸軍佔了廿一次，其中南麻、古寧頭、八二三諸役，均由胡璉任主帥，國人公認其戰功彪炳，伯玉將軍實當之無愧也。

## 徐州突圍、古寧頭大捷

一九四八年夏，十八軍擴編為十二兵團，黃維將軍①擔任司令，胡璉為副司令，同年十月胡璉父親辭世，他身心傷痛疲憊，乃至上海守制養病，旋徐蚌會戰（共軍稱淮海戰役）展開，前線戰情危急，參謀本部於十一月，將胡璉空投至戰場，胡璉臨危受命，仍無力挽回大局，幸在雙堆集地區，率少數官兵負傷突圍而出。中共軍委主席毛澤東函電前線共軍：「十八軍胡璉，狡如狐，勇如虎，宜趨避之，以保實力，伺機取勝。」胡璉在共軍中的分量可見一斑。

一九四九年初，大陸國勢飄搖，胡璉奉命任第二編練司令部司令，在江西招兵整訓，重建十八軍與第十軍，並兼十八軍軍長，後又恢復十二兵團番號，出任兵團司令，同年十月胡璉率部經潮州、汕頭等地，分途支援舟山群島及金門，十八軍（軍長高魁元）、十九軍（軍長劉雲瀚）陸續開往金門，殲滅登陸進犯之共軍，創造了古寧頭大捷，六十七軍（軍長劉廉一）隨後趕赴舟山，開創登步島大捷。

十八及十九軍移防金門後，胡璉任金門防衛部首任司令官，並兼福建省政府主席，在戍守金門四年半期間，又兼福建反共救國軍總指揮，陸續有突擊南日島，佔領大、二擔島行動，大獲全勝，一九五二年底，晉升陸軍二級上將，胡璉主持金門軍事與民政兩方面均得到大展長才的契機，績效令人刮目相看，更獲三軍統帥蔣介石總統的賞識與器重。

## 金門炮戰再建奇功

一九五四年六月，三軍將領輪調，陸軍編制改變，各防守區取消，成立第一及第二軍團，胡璉奉調回本島，任第一軍團司令（駐守北部，二軍團駐防南部，由南部防守區司令官石覺將軍任司令）；一九五六年奉派赴美國陸軍指揮參謀學院盟軍將領特別班第一期（同期同學有羅友倫、劉玉章等）深造，為時七個月；一九五七年七月，金門戰地趨於緊張，胡璉奉命復任金門防衛部司令官兼金門戰地政務委員會主任委員，次年八月，八二三炮戰爆發。

炮戰前數天，三軍統帥蔣介石總統預知戰事難以避免，親自飛往金門視察，胡璉及各軍長及師長保證與金門共存亡，誓死保衛金門，但蔣介石仍顧慮金門如果失守，將危及臺灣及澎湖的安全，抵金門第三天，全島民政幹部及營長以上軍官在防衛部聆聽蔣的指示後，大家請求蔣以國家為重，即時返臺，以策安全。

八月廿三日傍晚六時卅分，軍中高級主管舉行會報並共進晚餐，餐會結束，胡璉陪侍國防部部長俞大維漫步回防衛部，三位副司令官趙家驤中將、吉星文中將、章傑少將在翠谷湖湖邊談話，突然傳來山搖地動的爆炸聲，滿天煙霧迷漫，彈片橫飛，硝煙沖鼻，公路出現無數彈坑，三位副司令官就在第一批炮彈落地爆炸時，全都殉難犧牲了，參謀長劉明奎少將亦受重傷，在對岸共軍發射炮彈兩小時內，落下五萬餘發炮彈，金門炮兵旋進行反擊。

此一炮戰持續至十月六日，中共國防部長彭德懷宣佈停火，總計在四十四天內，金門承受了四十七萬發炮彈，再再考驗金門「地下堡壘」的虛實及守軍的備變戰力，在胡璉長期善於治軍及沉著應戰下，八二三炮戰戰果輝煌，打得共軍認輸停火，更引發中共內部檢討鬥爭，胡璉的英名因而傳揚於國際。

## 奉派任駐越全權大使

炮戰結束前夕，胡璉身心俱疲，自請調返臺療養，故奉調陸軍副總司令，一九六一年曾奉派入國防研究院第三期（同期同學有李煥、汪道淵、查良鑑、劉廣凱、王昇等）受訓，共入學十個月。

一九六四年，由於胡璉具有豐富對共黨鬥爭及長期與共軍作戰經驗，乃被政府任命為駐南越特命全權大使，在西貢任所八年，贏得南越朝野及各國使節敬重，並被推為西貢外交使節團團長多年，他對團結華僑，振興僑教也都竭盡心力，多所貢獻。

一九七二年，卸任大使後，胡璉被聘為總統府戰略顧問，並獲晉升為陸軍一級上將，因他未曾擔任過總司令、參謀總長，能掛上四星軍階是一極少之特例，但純就戰功而言，軍中對他的評價甚高，認為是實至名歸，亦顯示蔣介石總統對胡璉英勇善戰的肯定。

## 入臺大歷史所博士班

返國後，胡璉閉門讀書，潛心治學，親撰：《泛述古寧頭大戰》、《金門憶舊》、《出使越南記》、《南中國海及其與中國之關係》等書，出版後甚獲好評。

一九七四年秋，胡璉與彭孟緝②奉教育部特准，入國立臺灣大學歷史研究所博士班就讀，兩位四星上將重新當學生，引發社會各界的注目與讚譽，胡璉師從林瑞翰教授研習宋史及李守孔教授研習近代史，胡璉並以《宋太祖雄略之研究》為論文題目，深入鑽研及著手史料搜集，週末假日常邀請師長及研究生在其新店寓所研討歷史，並以便餐招待，胡璉好學的精神頗獲師友好評。

## 骨灰海葬於大小金門間

胡璉晚年為心臟宿疾困擾，他曾在一九七六年歲末日記中有以下的記載：「予有心肌梗塞症，去歲又發現心律不整，可以一夜辭世，若有發病，予屍化灰，海葬大小金門間，不開追悼會，魂依莒光樓。」事隔半年後，一九七七年六月廿二日，就在參加友人的晚宴後，這位功勳卓著的一代名將因心臟病突發，倒地不起而離開人間，享年七十一歲，七月十二日遺體火化，移靈金門，骨灰依遺囑海葬於金廈間海域。③

## 註釋

①黃維，一九〇四年生，江西貴溪人，黃埔陸軍軍官學校第一期步科畢業，陸軍大學特別班一期受訓，歷任排、連、營長、隊長、團長，一九三〇年任十八軍旅長，率部參加對共軍歷次圍剿，一九三六年奉派赴德國陸軍大學深造，次年返國，正逢抗戰爆發，升六十師師長，同年底，升十八軍軍長，並晉升中將，勝利後任青年軍軍長、聯勤副總司令、新制陸軍官校校長等職；一九四八年秋，徐蚌會戰爆發，同年十月調十二兵團司令，奉蔣介石電令率部赴蒙城解救黃百韜兵團。嗣又奉命打通津浦線，攻佔宿縣，因孤軍突出，陷入共軍預設袋形陣地，最後整個兵團被圍困在雙堆集，十一月底，天寒地凍，在共軍挖掘壕溝陣中寸步難行，戰局緊急，十二月廿五日午後黃維偕副司令胡璉乘戰車突圍，戰車在半路中被擊毀，黃維混在部屬群中奔跑，終被共軍捕獲，在北平功德林監獄中，堅拒投降，並不認罪，且抵死不批判蔣介石，他坦言：「如果有罪，唯一的罪惡就是打了敗仗」，一九八九年在坐牢廿六年後，因心疾突發過世，享壽八十五歲。

②彭孟緝，湖北武昌人，一九〇七年生，出身革命世家，父彭晟曾任南京臨時大總統府秘書、文官局長，一九二六年正就讀中山大學，因感軍閥割據，政局益亂，乃投筆從戎，考入黃埔陸軍軍官學校第五期炮科，畢業後投入國軍基層，歷任炮兵排、連、營、團、旅長，陸軍總部炮兵指揮官（晉升中將），

臺灣光復後來臺，任高雄要塞司令、臺灣全省警備司令、臺灣省警備總部副總司令（省主席陳誠兼總司令）、臺灣省保安司令部副司令（省主席吳國楨、俞鴻鈞、嚴家淦先後兼司令）兼臺灣省政府委員、副參謀總長（晉升二級上將）、代參謀總長、陸軍總司令、參謀總長（晉升一級上將）、總統府參軍長、駐泰國大使、駐日本大使、總統府戰略顧問；彭孟緝服役軍中時，曾獲軍委會保送日本野戰炮兵學校及陸軍大學深造，後並入國防大學二期研習，為軍中一位儒將，擔任代總長及二次出任總長，長達近十年，對增強外島防禦戰力及提昇三軍現代化，貢獻卓著，於總長卸任時，獲頒青天白日勳章，一九九八年病故，享年九十有二。生前著有：《炮戰要領》、《國防概論》、《二二八事變親歷紀》（初稿曾呈蔣介石親閱）等書，均未出版。

③本文曾參考以下資料：

（一）泛述古寧頭大戰，胡璉著，黎明文化公司印行。

（二）金門憶舊，胡璉著，黎明文化公司印行。

（三）出使越南記，胡璉著，黎明文化公司印行。

（四）胡璉評傳，王禹廷著，傳記文學社印行。

（五）金門風雲（胡璉將軍百年紀念專集），胡之光主編，金門縣政府印行。

（本文係為紀念胡璉將軍一〇一歲冥誕而作）

（《中外雜誌》，二〇〇八年九月）

# 毛松年的無憾人生

前僑務委員會委員長毛松年於八月病逝美國休士頓，享年九十五歲，消息傳來，臺灣各界、海外華人及僑社均表哀悼。

毛松年與先父於一九六〇年底，均奉派入國防研究院第二期深造，受訓期間長達十個月，又曾在結訓前同團前往東南亞考察，朝夕相處，結為好友，此後交往頗多。

筆者記憶最深刻的是毛松年曾以祖傳秘方治好了困擾先父多年的胃疾。

茲謹就所知，略述松年先生不平凡的生平事蹟，敬誌追思之忱。

## 在廣東省服務十二年

毛松年，字濟滄，廣東省番禺縣人，一九一一年（清宣統三年，民國前一年）生，出身耕讀世家，廣州市立師範畢業後任小學教師，旋參加第三屆全國高等文官考試優等及格，暨考試院會計師考試及格。

抗戰爆發，毛松年以弱冠之年即出任廣州市府財政局長，其後歷任國府主計處專員、廣東省會計處科長、稽核，一九四四年升任處長，對廣東各縣市及省屬機構會計制度之建立，著有建樹，一九四八年初，轉任廣東省財政廳長，後又兼任廣東省銀行董事長，在廣東服務共十二年，歷經六任省主席，（如宋子文、薛岳……），均多所倚重，當時毛松年還不到四十歲，可謂：「青年才俊」也。

## 來臺後任黨務及金融要職

政府遷臺後，毛松年奉派入中國國民黨工作，先後擔任中央改造委員會專門委員、中央設計考核委員會委員、駐泰國總支部整理委員會主任委員，對泰國地區黨務發展及僑社改組，頗多貢獻；其間又曾獲選為中央候補委員、中央委員及中央評議委員。

一九六一年，毛松年出任復業不久的中央銀行金融業務檢查處處長，越年復兼任經濟部證券管理委員會主任委員，甚受財經首長嚴家淦、徐柏園、楊繼曾等人賞識，一九六三年，獲當局重用，轉任臺灣銀行總經理，臺銀業績在其主持下業績蒸蒸日上，故任職長達九年（歷經黃杰、陳大慶二任省主席，陳慶瑜、俞國華、李國鼎三任財政部長），在公營行庫是很少的例子。

## 主持僑務表現優異

一九七二年，蔣經國奉總統提名擔任行政院長，內閣進行改組，蔣經國力邀毛松年出任僑務委員會委員長，他主持僑務工作表現優異，深獲層峰信賴，一九八一年十月，僑胞赴臺參加國慶活動，空前踴躍，計達四萬三千人，創歷年最高紀錄，對國內民心士氣鼓舞甚大，迄至一九八四年卸任，獲總統府聘為國策顧問，擔任委員長歷時十二年之久，次年奉派為亞東關係協會駐日代表，對中日文化交流工作著力甚深，惜赴任八個月後因病懇辭獲准，返國不久，遞補為國民大會代表，雖年近耆臺，仍以國事為念，並常提出具體建言。

## 宣導孔孟被稱「毛神父」

終其一生，松年先生在每一個崗位都表現傑出，績效卓著，他最令人感佩與懷念的有如下述：

其一，毛松年深研養生之道，精通中醫醫理，蒐集整理不少祖傳秘方，並廣為流傳，遇有患病親友同仁，常以耐心與愛心加以診斷照顧，嘉惠眾生，享有「無照神醫」美譽，他本人得享遐齡，應與此項專長有關。

其二，毛松年國學造詣深厚，服膺儒家思想，往往將中華文化當成宗教來宣導，他曾說：「我可以不作官，但絕不放棄傳承孔孟之道」，故常被人戲稱他為「毛神父」；而且他一派儒雅，談吐風趣，與他接觸過的人都有如沐春風的感覺，因此毛松年在海內外皆極有人緣。

其三，毛松年精力充沛，服公職時，午間從不休息，宵旰辛勤，凡事親力親為，夙為同仁嘆服，他嘗謂：「我沒有背景，也沒有很高的學歷，我可以作到政務官，主要是苦幹實幹、積極樂觀也！」他在臨終遺言說：「感念黨國先輩栽培，方能以一已之力，貢獻於國家社稷，唯無憾而已。」從而顯現松年先生謙卑高尚的人格特贇。

（《世界日報》，二〇〇五年十月廿六日）

# 傑出外交家朱撫松

朱撫松，湖北襄陽人，一九一五年（民國四年）生，幼承庭訓，背誦四書，及長入私塾，受業於襄陽名儒唐質安，旋入縣城小學及武昌省立第一中學就讀，成績優異，進取心與求知慾極強，甚獲師長稱許。

一九三三年夏，考入上海滬江大學政治系攻讀，一九三七年，七七事變爆發，抗戰軍興，乃離滬返鄂，於武昌華中大學借讀，半年後畢業。

## 入中宣部國際宣傳處

一九三八年春，朱撫松考入中國國民黨中央宣傳部（吳國楨、王世杰、張道藩、黃少谷、程天放、張其昀等①先後擔任部長）國際宣傳處服務，受到副部長兼處長董顯光的長期栽培，學養與外語能力大為增進，時處內幹才甚多，如溫源寧（曾任駐希臘大使長達廿年）、夏晉麟（曾任駐聯合國大使銜副代表）、葉公超（曾任外長、僑務委員長、駐美大使）、鄭南渭（曾任駐聯合國日內瓦辦事處大使銜主任）、沈劍虹（曾任新聞局長、外交部常次；駐美大使）、魏景蒙（曾任中國廣播公司總經理，新聞局長）、沈錡（曾任新聞局長、外交部政次、駐澳大使）余夢燕（曾在臺北創辦英文中國郵報）等，被稱譽為「群英會」，他們的工作績效頗受委員長蔣介石及蔣夫人的肯定，董顯光亦因抗戰期間主持對外宣傳工作的辛勞與表現，抗戰勝利後被提升為行政院新聞局局長、中廣公司總經理、駐日大使及駐美大使等要職。

## 赴英任職並進倫敦大學深造

一九四五年秋，朱撫松奉外調中國國民黨中央宣傳部駐英辦事處副主任，襄助該處主任葉公超（兼駐英大使館參事）推展對歐洲各國之宣傳與文化交流工作；葉公超於一九四六年，返國入外交部任職，朱撫松曾代理主任兩年；其間朱撫松曾入倫敦大學政經學院深造兩年，獲碩士學位，研究國際關係與比較政府，總計在英國服務三年餘，在處理涉外事務之經驗上及國際法學與世界政經之造詣上均有增進；他曾說在旅英期間獲益良多。

## 返國任職中央及臺灣省府

一九四八年底，朱撫松奉調返國任行政院新聞局國際宣傳處處長，次年初，應臺灣省主席陳辭修（誠）

之聘，為省府參議，後並兼東南軍政長公署參議，辦理外事業務；一九五〇年三月，蔣介石復職任總統，陳誠出任行政院長，朱撫松隨陳院長至行政院服務，任秘書處簡任秘書，旋調參事兼第二組組長，後並兼行政院政府發言人室（行政院新聞局縮編改制）顧問，他的工作表現獲得陳的賞識。

## 轉至外交部服務任司長

一九五二年，朱撫松轉任外交部情報司司長，在職四年，極獲葉公超外長賞識，政次胡慶育、常次時昭瀛均甚肯定其績效；一九五六年，朱撫松外放任駐美國大使館參事，旋升任公使銜參事，主管公共關係與國會聯繫業務，推展對美宣傳不遺餘力，頗受前後任駐美大使董顯光、葉公超之器重；一九六〇年夏，朱撫松奉調駐加拿大大使館公使，襄助劉鍇大使推動館務（在加拿大十八個月，渡過兩個寒冬），一九六一年底，朱撫松奉命返國，升任外交部常務次長，次年升任政務次長（原政次許紹昌外放駐阿根庭大使），擔任次長共四年，為維護國府在聯合國之代表權及促進與邦交國家（當時與國府有外交關係的國家約七十國）之關係，經年忙碌，每週上班七天，每日工作十餘小時，心力交瘁。

## 派駐外館長達廿三年

一九六五年夏，朱撫松奉派為駐西班牙大使（接替出任駐美大使的周書楷），一九七一年初，改調任駐巴西大使，一九七四年十月，中巴斷交，奉命回部辦事，一九七五年春，出任駐南韓大使，一九七九年秋，奉調返國，總計在外館任大使十四年，加上在英三年餘，在美四年，在加拿大一年半，共駐外館長達廿三餘年，外交經驗至為豐富，表現亦極傑出，最讓朱撫松深感遺憾的是一九七四年，未能阻擋中共的外交攻勢，在巴西聖保羅使館下旗歸國。

## 任外長七年餘貢獻良多

朱撫松自韓返國後，奉聘為總統府國策顧問及外交部顧問兼研究設計委員會主任委員，退而不休，繼續貢獻其經驗與智慧，同年（一九七九年）十二月，奉命接任外交部部長（蔣彥士部長改調中國國民黨中央委員會秘書長），一九八七年四月，辭職獲准，任部長共七年五個月②，嗣辦理退職，結束了近五十年的公務生涯。

朱撫松主持外交部期間，一直受到蔣總統經國先生及前後任行政院長孫運璿、俞國華之信任與支持。

朱撫松接任外長時，中美外交關係中止已歷一年，我對外關係遭遇困難日增，層峰為因應國際變局，在朱撫松的建議下特在行政院設「對外工作會報」，由朱撫松任召集人，協調各相關部門，促進彼此間之配合，共同致力於推動總體外交，數年之間，與非邦交國家互派代表或設辦事處（有十餘種不同的名稱），在拓展與各國之實質關係甚具績效，亦有助於我國經貿實力的提昇，贏得國際上的讚譽，迄今仍為國人所津津樂道，朱撫松之貢獻在近代外交史上已留下不可磨滅的記錄。

朱撫松服務外交界期間，曾以代表身份多次出席聯合國大會，及首席代表身份出席多項國際組織年會，並在國際航空法大會代表我國簽署防止劫機事件的「海牙公約」。

## 朱徐鶼鰈情深共渡金婚

朱撫松之夫人徐鍾佩女士，中央政治學校大學部新聞系畢業，曾任中央通訊社記者及特派員，並當選國民大會代表，為知名的散文作家，著有《英倫散記》、《旅西班牙回憶》等書，兩人鶼鰈情深，曾共渡五十年金婚之喜慶（朱徐於一九四三年在重慶結婚），惜鍾佩女士於二年前病逝，朱撫松晚年喪妻，至為傷痛，親友親屬亦同感悼念。

## 安祥辭世國人紛表哀悼

日前在美閱報，驚聞撫松先生已於六月十四日在睡眠中安祥辭世，享年九十三歲，消息傳出，海內外人士紛表哀悼，筆者身為同鄉晚輩，對這位終身奉獻外交及新聞工作，表現穩健、睿智的傑出外交家，謹誌衷誠的欽佩與懷念。

## 註釋

①吳國楨來台後曾任台灣省主席、行政院政務委員，王世杰來臺後曾任總統府秘書長、行政院政務委員、中央研究院院長，張道藩來臺後曾任中國廣播公司董事長、立法院長，黃少谷來臺後歷任行政院秘書長、副院長、外長、國安會秘書長、司法院長，程天放來臺後曾任教育部長、考試院副院長，張其昀來臺後曾任中國國民黨中央宣傳部長、秘書長、教育部長。

②國府遷臺後，擔任外交部長最久的為葉公超，任職長達八年十一個月，其次為朱撫松，任期共七年四個月，其他任外長的有黃少谷、沈昌煥（二度擔任，共達十二年三個月）、魏道明、周書楷、蔣彥士、丁懋時、連戰、錢復、章孝嚴、胡志強、程建人等，程建人任外長職最短，僅半年即外放駐美代表，其他任外長職較短的有：蔣彥士（一年）、周書楷（一年二個月）、章孝嚴（一年二個月）、胡志強（一年二個月）、丁懋時（一年三個月）。

③朱撫松與徐鍾佩為中國國民黨中央宣傳部之同事，抗戰期間結為夫妻，兩有擁有共同興趣，徐鍾佩人緣極佳，又有才幹，在朱撫松服務外館及在政府新聞、外交界任職期間，朱夫人對朱撫松均提供極大之協助，朱甚表感激，唯一的遺憾為兩人未曾生育子女。

（《世界日報》，二〇〇八年六月廿五日—廿八日）

# 王作榮教授八十初度

一九九九年二月六日為吾師王作榮教授八十大壽，師恩浩盪，師情難忘，爰將三十多年來師事作榮先生的過程憶述如下，為作榮師賀壽，並祝作榮師松柏長青、德業永恆。

## 服務美援會並兼任臺大商學系教授

一九六〇年夏，筆者通過聯考，進入臺灣大學法律系法學組就讀，為了充實經濟知識，特別去旁聽作榮師在商學系（當時商學系隸屬法學院與法律系均在徐州路校園內）所開設的「經濟學」課程，這是筆者首次接觸作榮師；由於作榮師解析學理清晰簡明，又常舉一些當時國內外經濟情勢的例子作進一步說明，生動易懂，聽起來趣味洋溢，而且作榮師正值壯年，儀表出眾，不僅本系同學很少缺課，加上一些外系旁聽生，教室常擠得座無虛席，當時作榮師任職行政院美援會參事兼經濟研究中心主任，在法學院僅是兼任教授，但卻是極受學生歡迎的老師，他的學養也極受經濟學界尊敬。①

聽作榮師一年的課，使筆者對經濟學原理有初步的認識，便興起轉讀經濟系的念頭，因而向作榮師表達此一意願，作榮師為此事特別介紹筆者去晉見法學院院長施建生及經濟系主任張漢裕，結果雖未能成為事實，事隔卅餘年，迄今每一念及此事，對作榮師的愛護，仍心存感念之情。

其後，在二、三年級時，又在作榮師的鼓勵下，分別去旁聽施建生教授在經濟系講授的「經濟學原理」及「經濟政策」兩門課程，不僅充實了筆者經濟理論的基礎，也從此與施老師建立近四十年的師生情誼。

## 任文大經研所長及經濟系主任

一九六四年至一九六六年，筆者在文化大學研究部深造時，作榮師正擔任經濟研究所所長及經濟系主任，為了進一步增進經濟理論基礎，又徵得作榮師的同意，旁聽他在經研所講授的「經濟理論與政策」課程，一年後，不僅與該所同學建立良好的友誼，對作榮師深厚的學養與誨人不倦的風範也有了深一層的認知。

一九六五年八月，筆者受聘為中國一周編輯，曾邀其賜大作多次，次年研究所畢業後，除應聘任教母校外，並受恩師張其昀的提攜，升任中國一周總編輯，直到一九六九年七月，辭職為止，服務中國一周社達四年之久，其間曾多次晉見作榮師，常向他邀稿，作榮師雖然公務忙碌，但基於對筆者的厚愛，每次都承蒙他慨允賜稿，從未拒絕，中國一周能有幸刊載大師的文章，頗受各界重視，身為週刊主編，也以此為榮，此皆作榮師之賜也。近十餘年來筆者兼任北銀月刊編輯人，曾數度向作榮師邀稿，他雖已面允，然因公務太忙，未能實現，令筆者引為一大憾事。

## 筆者任職經合會常求教於作榮師

一九六九年八月，行政院經合會（經建會前身）人事異動，主任委員由行政院蔣副院長經國兼任，交通部政務次長費驊接任副主任委員兼秘書長，筆者於十月間到經合會任職（擔任公共關係處編審），此時作榮師已辭去該會第三處處長職務，應聯合國之聘，遠赴曼谷亞洲暨遠東經濟委員會任工業組組長，失去向作榮師請益的機會，頗感失望，直到一九七一年春，作榮師在聯合國任期屆滿，回國出任經合會專任顧問之職，仍一本公忠體國的精神，每天準時上下班，斯時作榮師辦公室位於聯合大樓三樓，正好在筆者辦公室的隔壁，幾乎天天有晉見請益的機會，對於經濟問題有疑惑時，就求教於作榮師，他每每都放下身邊的事情，要言不繁，詳加分析，使筆者能在經濟學術領域中有所濡染，可惜二年後，經合會改組縮編為經設會，筆者離開該會，結束這一段常受作榮師耳提面命薰陶學養最多的日子。

## 筆者轉往北銀服務蒙作榮師關愛

離開經合會後，筆者轉往臺北銀行服務，多年來一直從事經濟研究工作，作榮師亦於一九七三年，辭去公職，應聘為臺灣大學經濟系教授，並兼任中國時報主筆及工商時報總主筆（不久被推選為中國經濟學理事長），筆者於學術會議、財經研討會、時事座談會等場合常能見到作榮師，並親聞其高論，每次晤面，作榮師都很關切筆者的工作狀況，當然也有嘉勉之詞，使筆者感動頗深。

作榮師於一九八四年，由總統提名為考試院委員，六年後轉任考選部部長，一九九六年，接任監察院院長，這段期間他公務較忙，除了幾次在考試院高等與特種特考典試委員會議中碰過面外，見面請益的機會就不多了，唯一的一次是在一九九三年與文大研究所學長高松濤、孫自強兩兄聯袂前往作榮師光復南路寓所晉見，作榮師首先對筆者升任北銀經濟研究室主任表示欣慰，當天他談興甚濃，對國事與世局均有獨特的高見，回憶華岡往事也流露無限的感懷，這次長談使筆者留下極深刻的印象。

近年來，作榮師從部長到院長，日理萬機，因而與作榮師見面不多，但他如有新著出版時，總是從不忘記我這個老學生，親自題簽寄來一冊，每次收到他的贈書，內心都有一股溫暖的感覺。

筆者離開學校轉眼已卅餘年，服務機構雖有更換，但工作性質多與經濟有關，在大學教課亦多為財經學科，在報社撰寫社論、短評及專欄也偏重於財經問題之評述，自覺頗受作榮師的影響，惟宮牆萬仞，深感難以窺其堂奧，學師步於萬一也。

## 當代從政者的典範

作榮師天縱英才，常見人之所不見，敢言人之不敢言，其為文猶如行雲流水，其理易懂，其力萬鈞，振聵發聾，在經濟學界固一言九鼎，即在政界亦一言而定是非，誠為當代從政者的典範。

### 註釋

①作榮師畢業於國立中央大學經濟系，曾三度留學美國，第一次係抗戰勝利後入華盛頓大學（西雅圖），獲碩士學位，第二次係政府遷臺後奉保送范登堡大學（田納西州）獲碩士學位，其後獲聯合國獎金保送國際貨幣基金經濟研究所進修，前後在美深造五載。

（《中外雜誌》，一九九九年一月）

# 懷念恩師唐振楚教授

恩師唐振楚教授，轉瞬間辭世已逾十年了，筆者對他的長期教誨、指點及關愛，無時或忘，茲謹述其簡略生平及與筆者的接觸，以誌永念。

## 入政校及侍從室

唐振楚，字弘亮，湖南衡山人，一九一五年（民國四年）生。自幼聰穎好學，及長，同時考取中央大學及中央政治學校大學部，因家境欠佳，且中央政校一切公費，住宿與三餐均由學校管理安排，遂入中央政校行政系就讀，四年後畢業，依慣列入中央訓練團受訓半年，之後派往地方擔任縣府主秘、縣長。

二年後，因縣長政績良好，經陳布雷之介紹，入軍委會委員長侍從室第二處任新聞秘書，辦理報刊資料搜集、輿情瞭解、會記紀錄及賓客陪見與紀錄等等，一度曾代理周宏濤出國時的機要秘書工作。

## 任總統府副局長及局長

抗戰勝利後，施行憲政，國府改組，唐振楚等部分侍從室人員，轉往總統府，旋任第一局副局長。一九五八年，曾入國防研究院第一期深造；次年，調任駐美大使館文化專員，乃利用公餘，考入哥倫比亞大學政府學院攻讀，獲碩士學位。

唐振楚在美共四年後返臺，升任總統府第一局局長兼典璽官，一九六六年，轉任內政部次長，後被派往日內瓦國際勞工局擔任中國分局局長，任滿後回國出任總統府副秘書長，其後歷任中國國民黨中央委員會副秘書長、考選部部長及總統府國策顧問等。

## 為行政管理權威學者

唐振楚在任公職時，不忘研究，著有《行政管理學》等鉅著，曾兼任政治大學教授多年，並兼文化大學教授及行政管理系主任，不數年間，已被譽為臺灣行政學界之權威學者。

筆者在研究所攻讀時，曾受教於振楚師，他教學認真，引經據點，表情嚴肅，學生均認真聽課，但他在課餘對學生的關愛多出於至誠。

## 擔任文大中山學術所長多年

筆者畢業後曾拜見恩師，請其指點就業方向，他強調勿往黨政基層工作，既辛勞，又無發展，最好考入中央政府之研究單位，以求安定，並有助於學術之精進。其後筆者先後進入行政院經合會及在臺北銀行擔任經濟研究工作三十餘年，振楚師在筆者每次晉見請益時，仍不斷表達關愛之意。

唐振楚自公職退休後，立即被文化大學聘為中山學術研究所所長（含碩、博士班），他上任後調整部分課程與師資，以期提高該所學術水準。

次年，振楚師即聘筆者進所任教，並安排講授《三民主義經濟學》及《臺灣經濟問題研究》二門課程，長達十餘年，筆者教學相長，受益良多，他的厚愛實難以報答。

## 中文撰述最佳

據筆者之學長周應龍（曾任蔣介石侍從秘書及蔣經國主持行政院時之機要室主任）多年前面告，在所有侍從秘書中，中文撰述以唐振楚為最佳，故能獲蔣介石、蔣經國之長期重用，這應該是實情。

（《世界日報》，二〇〇九年八月六日）

# 梁肅戎抗日故事

前立法院院長梁肅戎於去年八月辭世，享壽八十四歲，國內各界及海外華人均表哀悼。梁肅戎與先父同於一九五一年，奉派入革命實踐研究院十一期受訓，因座號與寢室相鄰，朝夕相處，結為好友，先父生前常提及肅戎先生不平凡的生平事蹟。

## 當選最年青的立法委員

梁肅戎於一九四八年，行憲後當選第一屆立法委員，時年僅廿八歲，為全院最年輕的男性立委，國府遷臺後他掛牌兼任律師。一九六〇年，自由中國半月刊發行人兼主編雷震因不斷在該刊發表批評政府的文章而被捕，梁肅戎不計後果出任雷氏之辯護律師；一九六四年，臺大政治系主任彭明敏因宣揚臺獨主張被捕，彭氏要其母親及妻子請求梁擔任其辯護律師，梁肅戎毅然接受。以上兩案均為眾人所熟知，其勇氣備受社會推崇。

一九七七年，梁肅戎因彭案頗為臺灣同胞所信任，被中國國民黨蔣經國主席任命為中央政策會副秘書長，負責與民、青兩黨及黨外人士之溝通協調，任職長達十二年，因績優晉升秘書長，後獲李登輝總統提名當選立法院副院長（一九八九年）及院長（一九九〇年），因中央民代全面改選而去職（一九九一年十二月），任正副院長為時均甚短暫。

## 抗戰期間任地下工作

梁肅戎，遼寧省昌圖縣人，一九二〇年（民國九年）生，青年時期反滿抗日的膽識實為其畢生最精彩動人的篇章，茲謹就所知簡述於後。

一九三八年，梁肅戎考入偽滿所辦之長春法政大學，在校時即充滿正義感與愛國心，不顧生命危險參加地下抗日組織，一九四一年十二月，奉派任中國國民黨長春市黨部書記長，為偽滿首都地區之總負責人；一九四二年，大學畢業後參加司法官考試及格，因精通日文，被送往東京法院及檢察廳實習半年，後又因績優保送至偽滿培訓文官之大同學院深造。

一九四三年，梁肅戎出任長春地方檢察廳檢察官，任職期間以其身份全力掩護地下工作人員，各地黨部負責人及同志來長春，他都親自安排接送，免於受到盤查，全程保護他們的安全，得以完成任務；一九四四年三月，日方以違反「治安維持法」為由，將他逮捕，審訊長達年餘，因證據確鑿，依法可判處死刑，但因主審之日籍法官大川（為其大同學院老師）念及師生情誼，僅判刑十二年；在審訊期，他不畏刑訊及利誘，視死如歸，始終未供出長春地區八十餘位地下工作同志的身份；次年四月，中國國民黨吉林省黨部主任委員石堅亦被捕，並被判處死刑，梁肅戎曾在審判庭上請求將他改判為無期徒刑，以換取石堅之減刑，藉此表示願與同志同生共死的決心，其氣魄與同志愛，曾傳誦甚廣，被讚譽為「東北硬漢」。一九四五年八月，抗戰勝利後，長春監獄奉日方指示將他釋放。

（《世界日報》，二〇〇五年三月十四日）

# 周書楷身後遺憾

周書楷，湖北省安陸縣人，一九一三年（民國二年）生，早年就讀國立中央大學，在校成績優異，並曾獲英語演講比賽冠軍，以天資穎異而又好學不倦，表現傑出群倫。

## 任職英倫藉機深造

中央大學畢業後（一九三六年），周書楷任職國際聯盟同志會，一九三七年，考入外交部服務，二年後外放駐英大使館隨員，因辦事認真勤勉，勞怨不辭，旋獲升任三等秘書，一九四四年，改派駐曼徹斯特副領事；他在倫敦及曼徹斯特工作六年餘，其間並曾入倫敦大學政經學院深造，研習國際關係及國際公法，獲法學碩士學位，周書楷卓越之外語能力、豐富之涉外事務經驗及深厚學養，皆植基於此時。

## 二次大戰後調回外交部

一九四五年，二次大戰結束，日本向同盟國無條件投降，次年年底，周書楷奉令調回外交部，歷任科長、專門委員、秘書及情報司幫辦，備受王世杰部長、葉公超部長、董霖政次、胡慶育常次，及時昭瀛司長之器重。

一九五〇年三月周書楷外放駐菲律賓大使館（大使為陳質平）參事，一九五三年，升公使銜參事，一九五六年四月，回部升任常務次長（接替出任駐巴西大使之時昭瀛常次），在外交人事紀錄中，公使回部升任常次，周書楷實為第一人（過去常次多由駐外大使調任，或部內資深司長升任）。

一九五九年三月，周書楷升任政務次長（原政次沈昌煥調駐西班牙大使），一九六〇年五月，他的幹練與才華深為當局所賞識，而被延攬入閣，出任行政院政務委員兼僑務委員長，打破僑務委員會長期由閩粵兩省人士主持的慣例。

## 奉派出掌重要使館（西、美）

一九六三年一月，周書楷奉命為駐西班牙大使（黃少谷大使奉調返國），同年九月及次年九月，兩次擔任聯合國大會我國代表團代表，在馬德里任大使兩年五個月期間，全力促進中西兩國友誼，竭盡心力，可謂貢獻良多。

一九六五年初春，駐美大使蔣廷黻辭職獲准，各界盛傳外交部長沈昌煥將繼任駐美大使，結果出人意料，是年五月，周書楷奉命出任駐美國特命全權大使（據悉為蔣介石總統夫人之大力推荐），在華府任所六年中，全力鞏固中美關係，辛勞備至，勤勉負責，其績效甚受層峰肯定。

## 返國接任外交部長

一九七一年三月，行政院改組，周書楷奉命返國接任外交部部長（原任部長魏道明因年邁退職），任內積極維護中華民國在聯合國之代表權，以及拓展亞非及中東國家之外交關係，均能盡心盡力有所突破，頗受各方稱道。

一九七二年五月，周書楷調任行政院政務委員（駐泰大使沈昌煥回任外長），受到前後任行政院長嚴家淦（副總統兼）及蔣經國之禮遇，並經常隨侍蔣院長走訪地方。

## 出使教廷長達十三年

一九七八年一月，周書楷奉派赴歐出任駐教廷大使，在任內十三年餘，我國與教廷關係始終維持穩定；一九九一年三月，周書楷以健康因素申請退休，返國後獲聘為總統國策顧問及外交部顧問（在部內有專用辦公室，每日上班半天），次年七月卅一日因病辭世，享年七十九歲，朝野均深表惋惜。

## 「口述歷史」未竟全功

周書楷從外交部基層做起，逐級被長官提升，歷任外館隨員、副領事、三秘、參事、公使，回部歷任常次、政次、部長及駐重要友邦（西班牙、美國、教廷）之大使，又曾擔任主管僑務之首長及專任政務委員，其一生閱歷及際遇誠屬豐富；周書楷自教廷任所返國不久，國史館即力邀其擔任「口述歷史」之受訪人，獲得其首肯，遂自一九九二年二月至七月，持續進行訪談（每週一至二次），周書楷對此甚表重視，在受訪中知無不言，而他記憶力甚好，且有保留資料的習慣，近代史學界及外交界人士對其回憶錄均寄以很高的期待，然因周書楷突然病逝，訪談記錄無法進行而告終止，未能實現晚年的願望，實為書楷先生的一大憾事。

## 晚年再婚姻緣美好

周書楷中年喪偶，子女均未來臺，內心甚感孤寂，一九九〇年二月，與屠雪貞女士在臺北結婚，屠女士原為故外交部司長賴家球大使之夫人（即名舞臺劇導演賴聲川博士的母親），溫文高雅，賢淑聰慧，親友及同儕們對周書楷部長晚年續弦，又娶到理想的伴侶，咸表欣喜，並給予至深的祝福。周屠兩人認識多年，又有不少共同嗜好，如：國劇、中外文學、芭蕾舞、古典音樂及旅遊等，婚後同返羅馬任所，日子過得愉快幸福。

然而此一美好姻緣，卻因周書楷的猝逝而劃下休止符，只維持了兩年五個月的婚姻生活，這不能不說是書楷先生人生的一大遺憾。

## 毅然宣佈退出聯合國

一九七一年秋，聯合國召開第廿六屆大會，周書楷以部長身分，率領中華民國代表團出席，當時國際姑息暗流如決堤洪水，到處氾濫，十月廿五日，終於通過中華人民共和國（P.R.O.C.）取代中華民國（R.O.C.）在聯合國席次一案。

周書楷在聯大表決後，立即上臺發表簡短聲明，宣佈中華民國退出聯合國，然後率代表劉鍇、薛毓麒等人離開會場，此事日後在國際上造成不小震撼，對政府亦產生極大衝擊；就書楷先生個人而言，顯然是其服務外交界近六十年生涯中，最痛苦、也是最遺憾的重大事件。

（《世界日報》，二〇〇六年九月十二日）

# 金克和對臺灣金融的貢獻

自政府遷臺後，筆者的老長官金克和長期任職於財經部門，在金融行政、金融檢查、銀行業務、外匯及貿易管理等重要崗位上表現傑出，是促進早期臺灣經濟起飛的功臣之一，二〇〇一年夏因病辭世。金克和病故已四年（享年八十有五），仍常聽聞財經界人士對他的好評，工商產業界領袖們對他過去的扶持指導亦十分感念。

## 早年從事黨務工作

筆者於一九七三年由行政院經合會調往臺北市銀行總行服務，金克和正擔任北市銀董事長，對他的傑出領導與親和力留下深刻印象，茲謹就所知，略述克和先生不平凡的生平事蹟如後。

金克和，安徽省全椒縣人，一九一六年（民國五年）生，中央政治學校大學部行政系畢業，中央訓練團、革命實踐研究院、實踐學社聯戰班結業，並曾入國防研究院第六期深造；早年曾服務於軍委會委員長侍從室第三處任視察，抗戰勝利後出任縣長、中國國民黨河北省黨部常委兼處長、北平特別市黨部委員兼書記長、市參議會參議員等職；一九四九年應財政部部長關吉玉之邀，轉任該部首席參事。

## 任錢幣司長建樹良多

一九四九年十二月，行政院及各部會自重慶遷臺辦公，金克和次年六月奉調錢幣司長，當時中央銀行尚未復業，錢幣司除管理全國金融機構外，還代理央行貨幣政策與外匯管理等業務，金克和肩負重大職責，表現穩健，遠見與魄力兼備，極受層峰器重，故任職長達十六年之久。歷經關吉玉、嚴家淦（曾兩次出任財長）、徐柏園、陳慶瑜四任財長，中央銀行、中國銀行、交通銀行與中國農民銀行在臺復業，上海商業儲蓄銀行遷臺營業。各區合會儲蓄公司改制為中小企業銀行、人壽及產物保險公司之開放，地方金融機構（信用合作社、農會及漁會信用部）之改革等重大金融工作均在其任內一一完成，在臺灣金融發展歷程中留下輝煌的記錄。

在錢幣司長任內，金克和曾奉派赴美國華府參加國際貨幣基金及國際復興開發銀行歷屆年會，對拓展國際經濟金融關係及維護我國在上述國際組織之權益，曾竭盡心力，展現其處理涉外事務之才幹。

## 兼央行金檢處長獲獎狀

中央銀行在臺復業後，金克和奉派兼任金融業務檢查處處長，任內完成各項金融法令之修訂，加強金檢績效，曾獲行政院頒發獎狀，自央行離職獲聘為顧問。

一九六六年，金克和奉調行政院外匯貿易審議委員會副主任委員，任勞任怨，協助主任委員徐柏園改革外匯制度及推動對外貿易業務，徐柏園甚為感佩，視為畏友。

## 創辦北銀展現長才

臺北市於一九六八年夏改制升格為直轄市，為充裕市庫，協助各項市政建設之推動，政府決定創設臺北市銀行，金克和受命主持籌備工作，次年四月廿日，順利開業，奉派為首任董事長，全力開展各項業務及建立分支單位，迄至一九七六年，任期屆滿卸職，臺北市銀行在其卓越領導下，七年間已躍升為臺灣十大公營行庫之列，金克和之金融長才於此可以概見。一九六九年，曾兼行政院經合會金融小組副召集人、中央信託局常駐監事。

## 領導四大行庫逾三十年

金克和離開北市銀後，先後奉派中國農民銀行、中國國際商業銀行及國際金融票券公司董事長，共任職逾廿年，連續主持四家大型金融機構長達卅年，在臺灣金融界迄今無人打破此一記錄。

以金克和的才幹與功績，多年來甚獲當局肯定，但始終沒有機會接任財政部部長與中央銀行總裁，未嘗不是他引以為憾的事。

## 培育財金專才無數

金克和學識淵博，處事週延，待人親切，且富於幽默感，一向重視人才培訓，經他栽培提攜幹才無數，頗多升至財金高層主管，他們的表現也備受肯定。國立政治大學在臺復校後，金克和長期在該校財稅系及財政研究所任教，培育財稅、金融專才甚多，他的弟子服務政府機構及公民營事業，多年來曾對臺灣的經濟建設付出了他們的智慧與心血。

（《中外雜誌》，二〇〇六年一月）

# 周宏濤兩度與財長擦身而過

長期在蔣介石總統身邊工作，並久任黨務、財政、主計要職的周宏濤於本年元月因病辭世（享年八十八歲），當時臺灣選舉活動正激烈進行，到報章甚少報導此一訊息。

周宏濤與先父於一九六〇年均奉命入國防研究院二期研習，因受訓期間長達十個月，朝夕相處，彼此熟悉，此後亦時有來往，先父生前常提及宏濤先生不平凡的生平際遇與事蹟，茲謹就記憶所及，簡述於後。

## 受祖父照顧支助接受教育

周宏濤，一九一六年（民國五年）出生、祖父支助下大學畢業，浙江奉化人，與蔣介石總統有姻親關係，祖父周駿彥曾任奉化縣龍津學堂學監，教過稚齡的蔣介石，後留學日本習法政，參加中華革命黨，並奉孫文總理之命與陳果夫等在上海籌辦證券期貨交易為革命籌款，北伐後曾任軍政部軍需署長，掌管軍餉、軍糧等後勤業務，父親周時銘因肺疾早逝，周宏濤幼年時一直受祖父照顧，亦在祖父支助下接受完整教育。

## 入委員長侍從室服務

一九三四年，周宏濤考入東吳大學生物系，嗣因戰亂轉學武漢大學政治系，一九三九年畢業，隨即參加國家高等文官考試及格，進軍委會後方勤務部任科員，後調行政院社會部荐任專員，一九四三年，奉調委員長侍從室組員，次年，接替出國深造的俞國華侍從秘書職務，一九五〇年，任總統府簡任秘書兼機要室主任，一九五二年，任國民黨中央委員會副秘書長，仍兼蔣介石秘書，迄至一九五八年，轉任財政部政務次長，在蔣介石身邊工作長達十五年，深獲蔣介石信賴；其間，周宏濤親眼見證中華民國國力從抗戰勝利時的高峰，到撤退至臺灣的低谷，蔣介石的榮耀與孤獨、堅毅與軟弱，周宏濤也無不點滴在心，他深感有幸追隨蔣介石走過政府遷臺前後那段風雨飄搖的動盪歲月。

## 外調財部政次、臺省財政廳長

一九六二年，周宏濤奉調臺灣省財政廳長，當時省府財政業務繁重，接任才三個月，蔣介石有意調升周宏濤為財政部部長，命總統府副秘書長黃伯度來諮詢周宏濤意見，周宏濤考慮自己尚年輕（四十六歲），且剛調省府，答覆希望在省財政工作上先作出些績效來，後來（次年）才由行政院主計長陳慶瑜出任財長；因此周宏濤在省府一待就是六年多，直到一九六八年底調行政院主計長，才離開省府。

## 再度與財長擦身而過

一九七二年，蔣介石在第五任總統就職前，蔣經國內定出任行政院院長，經國先生與蔣公商議內閣人事，財政部部長已內定由周宏濤繼任，但蔣夫人宋美齡向蔣介石推荐其外甥孔令侃，謂孔有財經經歷，在美國政界也有若干人脈，蔣公頗感為難，他堅持孔家不宜在臺灣出任政府要職，認為這會影響國家形象，蔣介石為此與夫人發生爭執，後來就有了折衷的作法，既不用孔令侃，也不用周宏濤，財長不更換，由李國鼎續任，周宏濤期望在財經大政上一展抱負的機會再度落空；周宏濤內心雖頗沮喪，但仍全力推動計政工作，後奉指派參加財經五人小組（其他成員有央行總裁俞國華、財政部部長李國鼎、經濟部部長孫運璿、行政院秘書長費驊），參與決策核心。

蔣經國於一九七八年三月，當選第六任總統，行政院改組，周宏濤調行政院政務委員，專責審查財經等案，還兼任經建會委員及力行小組召集人，後政府籌劃興建臺北世界貿易中心，工程複雜而龐大，周宏濤又奉命為推行小組召集人，仍頗受當局倚重；一九九〇年周宏濤辭卸本兼各職，受聘為總統府國策顧問，逐漸退出政壇。

## 蔣介石找經國、俞、周三人談話

國府於一九六七年，籌辦九年國民義務教育，財源籌措至關重要，蔣介石任命俞國華為財政部部長，之前俞國華在國內僅擔任過中央信託局長及中國銀行董事長，資歷比周宏濤淺，周宏濤在回憶錄中透露：「蔣公惟恐我心理不舒坦，曾把經國先生、俞國華和我找去，當著我們三人說，在我的心目中，你們三人是一樣的，你們彼此要同心協力，一起為國家做事才好，蔣公如此說，讓我內心非常感動。」

周宏濤晚年曾澄清外界傳言他是「蔣家的帳房」，表示這樣的說法完全不正確，他多年來管的是國家的公費，蔣介石私人的任何開支，他都沒有過問，周宏濤說的應該是事實。

（《世界時報》，二〇〇四年九月一日—二日）

# 孫運璿病情秘辛

總統府資政、前行政院院長孫運璿①，不幸於二〇〇五年二月十五日辭世（享年九十有二），留給國人無限的懷念與追思。

## 傑出的技術官僚

孫運璿於臺灣光復不久即來臺服務，先任臺電公司機電處長及總工程師，恢復臺灣地區電力系統整體供電網；於臺電協理及總經理任內，帶領臺電邁向企業現代化；於交通部長任內，規劃十大建設的重大運輸工程計劃；於經濟部長與行政院長任內，支持成立工業技術研究院與科學園區，切實掌握了臺灣經濟轉型的契機。

孫運璿誠屬在臺灣國家建設過程中，傑出的技術官僚，而其個人絕對廉潔，堪為公務人員的最佳典範，他長期以來對臺灣無私的付出與貢獻，全體國人均極表欽佩。

## 身體較李國鼎好、出任閣揆

去年夏季，筆者曾返臺探親，也曾與世交即前榮民總醫院副院長姜必寧醫師多次見面。由於姜必寧歷任蔣介石、嚴家淦、蔣經國三位總統之「御醫」，而且擔任過經國先生醫療小組召集人，他亦曾為當時政要李國鼎、孫運璿等的主治醫師，因此對他們的病史甚為瞭解。在談話中，承姜必寧醫師詳述孫運璿病史及中風經過，今特錄之如下（篇幅所限，擇要點而已），以供讀者參考。

一九七八年三月，蔣經國獲選為總統，經國先生開始思考誰來接任行政院院長。五月上旬，經國先生在榮總六病房進行體檢，曾垂詢姜必寧有關李國鼎與孫運璿的身體情況。

姜據實以報：「李國鼎於年前曾患心肌梗塞症，現已康復，但仍有症狀，曾請余南庚博士檢查，亦有赴美作心臟繞道手術之準備。」、「孫運璿平日身體健康，但曾於年前赴中南美訪問時突發心臟症狀，但經檢查心電圖及心臟功能檢驗，均為正常，雖有輕度高血壓，服藥後已經控制住。」

經國先生聽後連聲說好，並無多言。一般相信，閣揆人選之所以決定選擇孫運璿，顯然健康狀況是重要考慮因素之一。

## 突發腦中風病情危急

一九八四年二月廿四日子夜二時許，姜必寧突然接到孫夫人俞蕙萱女士電話，告知孫院長病急，姜匆忙中搭計程車趕到院長官邸，見孫院長倒躺床邊，已言語結舌，臉色蒼白，左側手足癱瘓，但神智尚清醒。

姜必寧立即檢查診斷，確定為腦中風，心想若等待醫院救護車來接，不免誤時，遂立即將孫院長安置於座車後座，以臥姿急送至石牌榮民總醫院第六病房，進行急救處理，隨即以電腦斷層掃描頭部，診斷確定為右側腦溢血。

由於當天為行政院長向立法院作「施政報告」的日子，天亮前，馬紀壯（總統府秘書長）、宋楚瑜（新聞局長）聞訊趕到榮總，經討論結果，要姜必寧告之媒體，謂：「孫院長因重感冒不克親自出席，由邱創煥副院長代為報告。」姜必寧對此點建議頗感猶豫，延至清晨七時，乃電七海官邸探詢。

經國先生指示姜必寧曰：「孫院長病情不必隱瞞，直說即可。」而且立即到醫院探望。此一訊息經媒體發佈後，隨即傳遍大街小巷，引發全民憂心。

當日早晨八時，蔣總統經國趕到榮總探病時，孫院長勉強由護士扶靠坐於床邊，哽咽涕泣，淚流滿臉，說道：「總統，我對不起你，我對不起國家……」際此重病生死危急之時，孫院長仍不忘其「辜負」國家安危之重責，而置其個人身體安危於不顧，公忠體國，良可欽佩。

## 余南庚會診沈力揚主刀

當孫院長「右側腦溢血」診斷確定後，姜必寧立即召集全院各有關部科專家，如神經內科、放射線科、心臟血管內科及麻醉科等，並請孫夫人及長女公子一同開會討論，都認為病灶在右腦外側邊，可以緊急以外科手術降壓。

但外科手術危險性極高，孫夫人雖同意手術治療，但請稍等旅美心臟權威專家余南庚來院會診後才作最後決定，此時余已奉召搭機趕回臺灣途中。

次日余教授趕到，病情會報結束後，立即將孫院長送入手術室，進行開顱抽血手術，由榮總外科部主任、神經外科專家沈力揚操刀，經八小時順利完成，送回加護病房。

此後，孫院在醫院內「休養」約兩個月之久，姜必寧日夜照料，寸步不敢離開六病房床側，直到孫院長出院返家。孫院長術後意識恢復，雖不幸因此半身不遂，但是卻延長了壽命二十餘載。孫夫人及孫院長子女對姜必寧的耐心照護，均心存感激。

最後，姜必寧還特別提到，為孫院長操刀的沈力揚，是著名神經外科權威醫師，當時他已罹患急性白血病，正接受化學治療中，但仍勉力扶病主持手術，自謂這可能是他此生最後一次進手術室了，不料竟一語成讖，次年便遽辭人世，榮總同仁都為失去一位良醫而深表哀慟與懷念。

註釋

①孫運璿，山東蓬萊人，生於一九一三年（民國二年）十一月十一日，父蓉昌公，北平朝陽大學畢業，於東北任法官多年，母楊氏勤儉持家教養子女，孫運璿十二歲隨父赴哈爾濱，就讀蘇聯之實業中學，後入哈爾濱工業大學電機系就讀，一九三四年以第一名畢業，後參加連雲港建港工程及湘江及西寧電廠籌建工作，一九四三年奉資源委員會選派赴美深造，在田納西流域管理局（TVA）觀摩實習，一九四五年回國，奉派為經濟部東北區接收委員，復改派為臺灣區電力監理接收委員，展開運璿先生為臺電電力系統之恢復與發展之奮鬥歷程。

（《世界日報》，二〇〇六年元月八日至十日）

# 從將星軍服談起

今年二月間，中華民國總統陳水扁巡視空軍，某聯服部在營區樹立陳水扁穿著五星上將軍服之看板，陳水扁到了現場，不僅未加斥責，還面露笑容，謂看板上之畫像頗為傳神，新聞發佈後，遭到各方批評：十餘年前，李登輝在總統任內，登艦視察海軍戰備，其帽沿佩五顆星，照片見報後，亦備受社會非議，其後就未曾見其戴五星帽。

## 總統統率三軍但為文職

依據中華民國憲法，總統有權統率三軍，但為文職，故不能穿著軍服、佩戴將星。

按國軍軍階規定，士兵有二等兵、上等兵、下士、中士、上士及士官長六級，尉官有少尉、中尉、上尉三級，校官有少校、中校、上校，將官有少將（一星）、中將（二星）、二級上將（三星）、一級上將（四星）四級；一九三五年，軍事委員會銓敘廳呈文國民政府增列特級上將（五星）一級，蔣介石因曾任國民革命軍總司令，率軍北伐，統一全國，戰功彪炳，當時正擔任軍事委員會委員長，領導軍民抵抗日軍侵華，聲望崇隆，故頒授其此一特殊榮銜。

## 一級上將不退役為終身職

將官中一級上將不退役，為終身職，自軍中退任後，慣例擔任總統府戰略顧問，享有薪俸、官舍、侍從人員、座車及駕駛等特別待遇；歷來獲頒授一級上將榮銜的有何應欽、李宗仁、白崇禧、徐永昌、程潛、陳誠、薛岳、余漢謀、顧祝同、周至柔、黃鎮球、彭孟緝、黃杰、王叔銘、高魁元、劉安祺、胡璉、劉玉章、黎玉璽、賴名湯、郝柏村、陳燊齡、劉和謙、羅本立、唐飛、湯曜明、李傑等人。

在抗戰期間，獲頒授一級上將榮銜者，多為曾擔任軍委會副委員長、軍政、軍令、軍訓等部部長或戰區司令長官等職，如何應欽、陳誠、李宗仁、白崇禧等。

抗戰勝利後，軍事機構改制為國防部與參謀本部，獲頒授一級上將榮銜者，大部分擔任過參謀總長，如顧祝同、周至柔、彭孟緝、王叔銘、高魁元、黎玉璽、賴名湯等。

國府遷臺後，未擔任過參謀總長而獲頒授一級上將榮銜的有薛岳、余漢謀、黃鎮球、黃杰、劉安祺、胡璉、劉玉章七人。薛岳與余漢謀在抗戰後期均曾任戰區司令長官，戰功彪炳；黃鎮球曾任聯勤及警備總司令、總統府參軍長，資歷頗深；黃杰曾任警備及陸軍總司令、國防部部長，甚有功績；劉安祺、胡璉與劉玉章皆主持過金門外島防務，功勳卓著，這七位將領在軍中均具有甚高聲望，晉升一級上將視為實至名歸。

二級上將以下將官、校官、尉官及士官長、士兵，依規定限齡退除役，但享有終身俸給及輔導就業、醫療、撫卹、安葬等照顧。

（《世界日報》，二〇〇五年五月五日）

# 蔣介石的侍從秘書

## 侍從秘書逐漸形成

一九三二年三月，國民政府鑒於當時安內攘外特殊情勢的需要，特成立軍事委員會，任命蔣介石為委員長，以統籌軍事相關事宜，並建立統一的作戰指揮系統。

在此之前，蔣介石任國民革命軍總司令，率師北伐期間，身邊並無專任侍從秘書，僅由中國國民黨中央組織部長陳立夫兼理一些機要事務。

侍全國統一後，蔣介石先後擔任陸海空軍總司令、國府主席兼行政院院長、中國國民黨中央執行委員會主席，公務繁忙，乃起用黃埔軍校一期畢業的鄧文儀、蕭贊育及浙江奉化同鄉毛慶祥為侍從秘書，負責機要工作，而蔣介石侍從秘書的規制，係在軍委會委員長侍從室成立之後才逐漸成形的。

## 侍從室共分三處辦事

委員長侍從室綜理相關秘書機要業務，組織龐大，共設三個處，處下設組，第一處負責軍務（主任先後為錢大鈞、張治中、林蔚、賀耀祖、周至柔),第二處辦理黨務、政務及文告講稿撰述等(主任為陳布雷),第三處掌管全國黨政人事資料,係一九三八年增設(主任為陳果夫);侍從室另設有侍衛長及侍衛隊,專責委員長之安全。

侍從秘書名義上編在第二處內,其主要工作大致可劃分為機要、新聞言論與英文翻譯三類,故侍從秘書又因工作不同而被稱為機要秘書、新聞秘書與英文秘書。

機要秘書專管公文收發、核稿與協調事宜;新聞秘書辦理報刊資訊搜集、輿情瞭解、會議記錄、賓客陪見與記錄等;英文秘書負責外賓的陪見與口譯;此外,侍從秘書常會有蔣介石交辦的聯繫任務。

蔣介石任軍事委員長後,一九三五年,又兼任行政院院長,一九三八年三月,當選中國國民黨總裁,同年七月,任新成立的國民參政會議長,八月,二度任國府主席(繼辭世不久的故主席林森),集黨政軍大權於一身,一九四三年,被推舉為中印緬戰區盟軍統帥,與同盟國交涉事務日增,故委員長侍從室業務至為繁重,侍從秘書的工作範圍亦極廣泛。

抗戰勝利不久,軍事委員會裁撤,委員長侍從室部分人員暫納入國府編制,行憲後蔣介石當選總統,他們又被安置於總統府內,侍從秘書則一直留蔣公身邊服務。

## 侍秘未必人人有發展

自軍委會委員長侍從室成立,迄至一九七五年四月蔣介石逝世,擔任過機要秘書的先後有汪日章、俞國華、周宏濤、孫義宜、陳叔同、王正誼、蔣孝肅等，後來的出路以財經部門較多。

新聞秘書依序為蕭乃華、蕭自誠、曹聖芬、唐振楚、秦孝儀、楚崧秋、周應龍等，後來多朝新聞文化界發展。

英文秘書前後有李惟果、沈昌煥、沈錡、沈劍虹、胡旭光、錢復等。

機要秘書因不易找到適當接替人選，故任職時間較久，如俞國華、周宏濤兩人擔任機要秘書都超過十年；新聞秘書每隔三、五年即會更換，有培植青年幹部的用意；英文秘書大部分為兼職，本職多在外交或新聞部門，胡旭光則專門負責美國軍方的陪見與口譯，其本職為國防部連絡局局長。

一般而言，侍從秘書有三項重要條件：一、蔣介石的講話一定要聽得清楚；二、不能有兼職等外務，須隨時等候召喚；三、任事要勤快，無怨言；其次，謙虛、謹慎、細心、保守及保密均為侍從秘書必備的工作守則。

從歷來侍從秘書的人選觀察，機要秘書除汪日章、陳叔同之外，全係用浙江奉化同鄉，顯然係因蔣介石寧波鄉音頗重的考量。

新聞秘書都是湖南人，大部份畢業於中央政校大學部，其原因並不清楚，一般推測係因蔣公欽仰湖南籍的清代名臣曾國藩及認同湖南人的拙樸、耿直的個性；英文秘書以留美居多，只有沈錡為留學印度博士，英語造詣均頗深厚。

在大陸時期，蔣介石常不懼危險親臨前線指揮作戰，或到各地視察，侍從秘書一定跟隨在旁。國府遷臺以後，蔣介石每年均有多次巡視地方建設，或到外地（多半為角板山、日月潭、梨山、西子灣等行館）作短暫休憩，俾靜心思考國家大政方針，侍從秘書大都同行，平時也須住宿於官邸，往往犧牲家庭生活，蔣介石對此頗能體諒，所以侍從秘書任職達一定時期，都會調任黨政方面的適當職務。

## 俞國華、沈昌煥、錢復最受重用

侍從秘書離開官邸後的發展，並非特別有利，他們都須經多年的歷練與工作表現，才逐級升遷至高層職位，其中俞國華、沈昌煥與錢復三人最受層峰重用。

俞國華於一九四四年，獲蔣介石資助，赴英美兩國留學，戰後奉派為國際貨幣基金副執行理事、世界銀行執行理事，一九五四年，返國服務，歷任中央信託局局長、中國銀行董事長、財政部部長、中央銀行總裁、行政院政務委員兼經建會主任委員、行政院院長。

沈昌煥於大陸淪陷前，即任行政院新聞局局長，來臺後歷任政府發言人、外交部司長、政次、駐西班牙、泰國及教廷大使，兩度出任外交部部長，後接任國家安全會議及總統府秘書長。

錢復於一九六六年，任職外交部時，奉命兼任蔣公英文秘書，迄至蔣公逝世（一九七五年）時，才離開官邸（在這九年裡，由科長升副司長、司長，後調升行政院新聞局局長），隨即接任外交部常次、政次，一九八二年，外放駐美代表，一九八八年，返國任行政院政務委員兼經建會主任委員，其後出任外交部部長、國民大會議長、監察院院長，今年二月才自公職卸任。

## 部分侍秘擔任過要職

也有部分侍從秘書擔任過不少要職，如周宏濤曾任總統府機要室主任、中國國民黨副秘書長、財政部政次、臺灣省財政廳廳長、行政院政務委員、主計長、總統府國策顧問。

唐振楚曾任總統府第一局副局長、局長兼典璽官、內政部常次、國際勞工組織中國分局局長、中國國民黨及總統府副秘書長、考選部部長、總統府國策顧問。

沈錡曾任行政院新聞局局長、駐剛果大使、駐美公使、外交部政次、駐哥倫比亞大使、駐澳洲大使、駐德代表。

沈劍虹曾任行政院新聞局局長、外交部司長、常次、駐澳州大使、駐美大使。

孫義宣係留美經濟學博士，故奉派為國際貨基金副執行理事，後返國歷任中央銀行副總裁兼外滙局局長、交通銀行總經理、中國輸出入銀行理事主席、臺灣銀行董事長，全國銀行公會理事長。

（《世界日報》，二〇〇五年七月廿九日—卅一日）

# 「御醫」姜必寧與三位總統晚年

自民國以來，曾先後三次參加總統醫療小組，照顧過三位國家元首健康的姜必寧醫師，在臺灣醫界迄今無人打破此一記錄。姜必寧醫術醫德兼備，其臨床論文數十篇曾刊載英美醫學期刊，受到國際醫學界重視。

筆者有幸為姜醫師世交，對他素極欽佩，與他亦有長期之接觸，茲謹就所知，略述其傳奇的生平事蹟如下。

## 出身浙江醫學世家

姜必寧，一九三〇年生，出身浙江江山醫學世家，一九四八年考入國防醫學院醫科，次年，春隨校自上海渡海遷臺，一九五五年，以優異成績畢業，分發陸軍第一總醫院（位於臺北市廣州街），任實習及住院醫師，頗獲內科主任丁農教授器重提攜，旋升任內科總醫師、主治醫師；一九六一年，取得英國倫敦大學醫科全額獎學金，因中英兩國無外交關係，軍醫署（署長楊文達）專案簽報陸軍總部（總司令羅列）及國防部（總長彭孟緝），獲特准赴英深造；一九六四年，自英返國回院服務，後轉至榮民總醫院心臟內科任主治醫師（當時院長為盧致德、副院長為鄒濟勳、內科部主任兼心臟內科主任為丁農），一九六八年升任主任，次年獲院長推荐至美國密西根大學醫學院進修，二年後學成歸國，仍在榮總任原職，兼任國防醫學院臨床醫學教授，後升任內科部主任、及醫務副院長，一九九六年退休，總計在臺北榮總服務逾卅年，其間並協助韓偉博士籌備成立國立陽明醫學院，兼任臨床醫學系主任及臨床醫學研究所所長。在榮總服務期間，工作繁重，終日埋首於醫療、教學、研究，表現均極傑出。

## 參加蔣介石總統醫療小組

一九七一年起，蔣介石總統身體日漸衰弱，有血管硬化及心臟擴大症狀，次年五月廿日，在藥物支撐下勉力參加了第五任總統的就職典禮，姜必寧以心臟專科醫師應蔣夫人宋美齡女士之邀加入總統醫療小組①。一九七二年七月廿二日下午，蔣介石總統在陽明山中興賓館（即現今之陽明書屋）突發中風，陷於昏迷，生命垂危，姜必寧及醫療小組成員在余南庚博士領導下，全力救治，為加強治療效果，於八月五日將蔣介石總統小心翼翼送往榮總六病房住院，在醫護人員悉心照顧下，蔣介石總統奇蹟般甦醒過來，此後數年曾有多次心臟停止跳動、高燒不退及小便大出血情況發生，讓醫療小組成員膽戰心驚，迄至一九七五年四月五日凌晨，蔣介石總統溘然長逝，在這四年期間，姜必寧以官邸及榮總為家，日夜留守，極為盡責，故蒙蔣夫人宋美齡女士親頒勳景星勳章表揚其勞績。

嚴家淦副總統繼任總統後，姜必寧依舊為總統醫療小組成員，迄至一九七八年五月卸職，嚴家淦總統在任三年餘，其身體情況尚佳，姜必寧僅提供醫藥諮詢，工作較不繁重。

## 任蔣經國總統醫療小組召集人

蔣經國中年以後，罹患糖尿病、心臟病及眼疾，姜必寧曾長期為其看診；蔣經國一九七八年五月，就任總統，姜必寧立即成為總統醫療小組成員並兼召集人②，此後蔣經國總統健康急速惡化，心臟、腸胃、腦血管、神經系統及眼睛均因糖尿宿疾影響而惡化，逝世前最後幾年病情複雜而嚴重，曾先後接受三次眼部（白內障、視網膜）手術及裝置心律調節器手術，一九八七年，公開以輪椅代步，一九八八年元月十三日午間，突發大量吐血，導致休克及心肺衰竭，搶救無效，延至三時五十分辭世。

蔣經國總統晚年百疾叢生，病歷厚達半人高，在其擔任總統的十年裡，姜必寧經年常駐七海官邸，備極辛勞，蔣經國總統多次病危，均賴醫療小組成員全力救治，始轉危為安。

## 退而不休從事醫學研究

姜必寧目前仍退而不休，任臺北榮總顧問醫師、陽明大學榮譽教授，近年發起成立中華民國心臟醫學研究基金會，被推選為理事長，結合臺灣醫界及連繫兩岸專家，定期召開研討會，致力於心血管疾病治療之研究與學術交流，備受各方推崇。

## 註釋

①當時蔣介石總統醫療小組成員，除原官邸醫師熊丸、陳耀翰外，有余南庚、鄧述微、盧光舜、俞瑞璋、譚柱光、王學仕、趙彬宇、王師撰、鄭不非、李有炳、姜必寧，共十三人，其中鄧述微為三軍總醫院院長，其餘均係榮民總醫院專科及主任級醫師；余南庚來自國外，為美國羅徹斯特大學附屬醫院心臟內科主任，曾被選為美國心臟學會會長。

②蔣經國總統醫療小組成員除姜必寧外，有金鑑年、何撓通、劉榮宏、羅光瑞、彭芳谷、沈力揚、鄭不非、趙彬宇、王師揆等，全部為榮民總醫院主任級醫師，羅光瑞、彭芳谷曾任榮民總醫院院長。

（《世界日報》，二〇〇三年十二月廿八日）

# 服務國防研究院的回憶

一九六六年夏，筆者承恩師張曉峰（其昀）先生提攜，奉派任國防研究院秘書，在陽明山莊（國防研究院院址）服務三年餘，任職期間與院內長官、同仁、講座及受訓學員（八至十一期）接觸頗多①。由於長期以來外界對該院不甚瞭解，茲就記憶所及，謹將國防研究院的組織、人事、教學方式、學員發展等作一番追述。

## 蔣介石創設培訓幹才

國防研究院係奉蔣介石總統之指示，於一九五八年十月創設，為政府遷臺以來最重要的訓練機構，課程內容以探討國家政略與戰略為主，教育目標類似美國的戰爭學院（National War College），但層級較美國國家戰爭學院為高，隸屬於總統府，由蔣介石兼任院長，前教育部長張其昀為主任，實際主持院務（後增設副主任，先後由前陸軍總司令羅列上將、前三軍大學校長劉安祺上將擔任），前副參謀總長徐培根上將任教育長，立法委員李曜林任副教育長（後由王寓農中將繼任）

## 董重培養領導人才

在教學方面，劃分為政治、經濟、文化、軍事、敵情五組進行，但大部分課程皆係採全員集中授課。各組設首席講座，政治組為張慶楨（立法委員、臺大教授），後來由于望德（外交部顧問、前駐巴拿馬大使）繼任，經濟組為徐柏園（中央銀行總裁、中國國民黨中央財委會主任委員），文化組為羅時實（考試委員、政大教授），後由宋晞（文化大學文學院長）繼任，軍事組由教育長徐培根兼任，敵情組為葉翔之（國防部情報局長、中國國民黨中央第二組主任），各組並聘國內外專家學者擔任講座，課程內容集中於國家大戰略、世界局勢、大陸情勢、國內政經問題、國防政策、總動員計劃，尤其著重前瞻性的研析，俾積極培養黨政軍高層領導人才。

## 結業時學員赴國外考察

第一期於一九五九年四月開課，召訓三軍將領、中央部會及地方政府主管及黨部高級幹部五十六人，受訓期間長達十個月。學員每週上課五天，均住宿於院內，每日聽講約四至六小時，並參加分組討論及聆聽專題演講，結業前須撰寫畢業論文，並向各組講座及全體學員作口頭報告；為深入瞭解國際現勢，第二期起學員於結業前分批赴日本、南韓、菲律賓、泰國、南越五國考察，並拜訪各國軍政首長，為期半月餘，當時國府與上述五國均有邦交，故在各地停留期皆由我國使領館妥善安排，學員均感收穫頗大。

## 蔣介石經常蒞院巡視

在各期學員受訓期間，蔣公於公務繁忙之餘，必蒞臨四、五次之多，除親自主持開訓及結訓典禮，對全體學員講話外，還會抽空數度巡視院區，並分批單獨召見學員，每人約談話十五分鐘，由張其昀主任陪見。據悉蔣公會就學員的儀表、談吐、見識及發展潛力分別註記，作為人事任命的依據。譬如在第一期學員中，蔣公對孫運璿（當時任臺灣電力公司總經理）及張寶樹（當時為立法委員兼中國國民黨中央政策會副秘書長）印象甚佳，後來兩人都獲握升至黨政最高負責人。

## 結業學員均受重用提昇

學員結訓後，大部分受到提拔晉升，且有被重用者，如謝東閔與連戰曾當選副總統，擔任五院院長副院長為數亦不少，如孫運璿、俞國華、李煥曾任行政院長，邱創煥曾任考試院院長，劉闊才曾任立法院院長，戴炎輝曾任司法院院長，錢復曾任監察院院長，徐慶鐘、徐立德曾任行政院副院長，汪道淵曾任司法院副院長、張宗良、林金生曾任考試院副院長，擔任過部會首長的有李國鼎、費驊（財政），張繼正（央行），陶聲洋（經濟），鍾皎光（教育），查良鑑、王任遠（法務），張建邦（交通），唐振楚（考選），周宏濤、張導民、鍾時益（主計），高信、毛松年（僑務），崔垂言（蒙藏），趙聚鈺（退輔）、楊家麟（研考）等；擔任過黨政機構幕僚長的有：張寶樹、蔣彥士、馬樹禮曾任中國國民黨中委會秘書長，趙自齊曾任中國國民黨政策會秘書長，郭澄、何宜武曾任國民大會秘書長，瞿韶華、王昭明曾任行政院秘書長，劉先雲曾考試院秘書長、董文琦、李模、高銘輝曾任行政院政務委員。

在結訓學員中，武官升至一級上將的有黃鎮球②、胡璉、劉玉章、宋長志，升至二級上將的有胡宗南③、羅列、羅奇、袁璞、王昇、張國英、王多年、李運成、陳守山、劉廣凱、俞柏生、魏崇良、姚兆元等。

蔣公對臺籍高級幹部的培訓一向極為重視④，在國研院一至十二月七百卌二位學員中，臺籍超過卌人，後來均獲晉升至更高職位。

## 張其昀主持院務備受學員尊敬

由於學員受訓成績會送呈蔣公作為考核用人的參考，故學員無論聽課、參與討論、論文撰述及作息均不敢懈怠。學員結業論文的評分，係由一位首席講座及一位院方指定之講座分別初評，張其昀擔任審核，並寫總評語；是以，學員對張其昀都非常尊敬。張其昀於一九六二年創辦文化大學，曾獲多位前幾期受訓的黨政要員鼎力協助，建校才能順利進行。文大第一屆招收的研究生在華岡校舍未竣工前，有半年係借用國防研究院部分教室開課，研究生百餘人並寄宿於陽明出莊內。

據聞張其昀為此事曾面報蔣介石獲得特准，私立學校在政府機關上課是極特殊的情況。

## 蔣介石年高精神抖擻

筆者任職國防研究院記憶最深刻的是：一九六七年十二月卅日，蔣介石兼院長蒞院巡視，特別安排與全體教職員與學員會餐，筆者奉命參加，蔣介石在正午時分由張其昀、徐培根等陪侍下蒞臨，餐畢並繞場一週，在大家恭送中離去，筆者站立位置與蔣介石近在咫尺，蔣介石雖年逾八旬，但精神抖擻，臉色紅潤，目光炯炯有神，看起來蔣介石身體狀況還算良好，他的健康逐漸轉壞係在一九七一年以後的事。

## 註釋

① 筆者當時直屬長官為該院秘書處前後任處長宋晞（宋史專家）及姚國水（地理學者）。

② 黃鎮球在受訓時任總統府陸軍二級上將參軍長，因年齡較大，蔣介石兼院長特准不住宿於院內。

③ 胡宗南係黃埔軍校第一期畢業，抗戰時期已晉升陸軍二級上將，擔任過集團軍總司令，戰區司令長官，

在軍中資望甚高，故結業後被推舉為國研院同學會會長。

④第一期臺籍學員即有連震東（當時任臺灣省民政廳長）、翁鈐（當時任臺灣省建設廳長）等，均為蔣介石親自挑選。

（《中外雜誌》，二〇〇五年九月）

附錄

# 走完充實而無憾的一生

## ——懷念父親

時光匆匆，父親離開我們轉眼就快三年了，他老人家生前的點點滴滴近來常常浮現在夢中，令我懷念不已。

先父李公參育於一九九九年三月十六日凌晨安睡中離世，距生於一九〇八年（清光緒卅三年，民國前四年）九月十八日（農曆），走完了九十二載豐富的人生旅程。

父親接受過嚴格的軍事訓練，晚年生活也很有規律，生前身體一向健康，但在過了九十歲以後，由於年邁體力日漸虛弱，但並無嚴重的疾病，突然走了，仍令兒孫們難以接受。

我是父親第二個男孩，自幼受到他老人家的關愛與教誨，對我求學與待人處世上皆有正面的影響，真是獲益良多，我秉性方正、愛國心強烈，都來自父親的言教身教；回憶往事，父親的言談舉止彷彿就在眼前。

父親生長在一個信仰基督教的書香家庭，先祖父化新公為前清舉人，早年畢業於武昌道師範，曾任職漢口海關關員及武漢正義報主筆，後擔任漢口博學書院（英國基督教倫敦會創辦）國文堂長廿餘年，儒雅謙沖，誨人不倦，晚年在家鄉行醫義診，甚受鄉民愛戴，父親在先祖父的教導下，自幼深受中華文化的薰陶，並在博學書院住校就讀了六年，接受完整的西方現代教育，所以父親兼具了東西方文化的特質，譬如中國的孝道、忠恕精神及西方的守時、尊重他人、重視禮儀等美德。

一九二八年初，國民革命軍北伐之際，父親正就讀於武漢大學，為從軍報國考取中央陸軍軍官學校第六期交通兵科，在南京入學，一九三〇年，軍校畢業後，從基層部隊官作起，埋頭苦幹，腳踏實地，在剿匪、抗戰及臺海諸戰役中，不畏槍林彈雨，均能完成上級交付的命令，因而得到各級長官們的信任，逐級晉升至中將，在軍中服役達四十年，歷任後勤、訓練、通信等要職，貢獻國家良多，獲頒勳獎章十餘座，並蒙三軍統帥蔣介石總統召見嘉勉多次，我們子女都引以為榮。

父親秉性純僕，待人寬厚，責己甚嚴，因此與軍中同袍及至親好友的關係良好，人緣極佳，對親友部屬及晚輩請托之事，只要在法令許可的範圍，都全力以赴，竭盡心力，所以大家對他老人家都十分敬重。

我們兄妹五人相繼出生以後，撫養與管教工作雖由母親負責，但自每人就讀小學起，父親對我們的教育極為重視，除了離家在戰地外，他平日督促我們功課甚為嚴格，使我們都知道用功唸書，不敢懈怠，故從中小學至大學、研究所，皆能順利升學，每人都在國內外接受高等教育，研習專業技能與新知，一生受用不盡，至今令我們感念不已。

父親於一九三三年，與母親楊士秀女士結婚，伉儷情深，憂樂與共，逾六十年；父母親十一年前赴美國南加州洛杉磯郡定居，與子女多人住所鄰近，兒孫承歡膝下，享受天倫之樂，並多次在兒女陪伴下暢遊美國東西岸名勝古蹟，晚年生活相當愉快，一九九三年七月，曾歡渡鑽石婚，兒孫輩齊聚一堂，誠屬難能可貴。

父親為一虔誠基督徒，退役後參加臺北信友堂聚會與主日崇拜，赴美定居以來更熱心教會活動，靈修生活異常充實。

父親離世後，為遵照父親生前指示喪事從簡的遺囑，我們兄妹謹於廿日在南加州玫瑰崗教堂為父親舉行追思禮拜，由賴天賜牧師主持，在美親友八十餘人參加，氣氛莊嚴感人，遺體隨即安葬景色怡人的玫瑰崗墓園。

父親旅世九十二載，他的離世正如聖經所說：「壽高年邁，日子滿足」，父親雖已安息主懷，離開我們而去，但他的遺愛將常留在大家的記憶中。

（《湖北文獻》，二〇〇二年四月）

# 一位平凡而偉大的女性

## ——追思母親

先母楊士秀女士生於一九一四年（民國三年）三月十日，出生書香世家，一九三一年畢業於漢口市立女中；一九三三年與父親結婚，婚後隨夫君軍中任所之變動，先後遷居於漢口、九江、重慶、南京、廣州等地，居無定所，兒女眾多，幸賴母親勤儉持家，渡過艱難歲月；迄至一九四九年十一月，大陸淪陷前夕，舉家由重慶飛抵新竹，生活才漸趨安定。

來臺後，父親先後任職聯勤總部、國防部及陸軍總部，負責國軍通信、訓練及後勤業務多年，責任艱鉅，工作忙碌，多賴母親全心負責家務與照顧子女，使父親無後顧之憂，報效國家，令我們兄妹至今感念不已；母親於家務繁忙之際，仍熱心參加婦聯會活動，縫製征衣，慰勞將士，服務軍眷。母親育有三子（紹強、紹盛、紹信）二女（紹崢、紹嶸），均在國內外接受高等教育，獲博、碩士學位，各俱專才，並皆成家，事業皆卓然有成；內外孫輩共九人，均畢業於臺灣、美國之大學與研究所，並有曾孫二人，可謂兒孫滿堂。

母親晚年參加臺北信友堂聚會，於一九八七年，接受洗禮，成為基督信徒，心靈生活極為美滿喜樂；一九九一年與父親遷至美國加州定居，子女兒孫多人常承歡左右，享受天倫之樂，一九九四年，曾歡渡鑽石婚，家人親友齊聚一堂，伉儷情深令人欽羨。

一九九四年十二月，母親突患腦疾，經全力醫治及兒孫輩細心照顧下，身體逐漸康復，然終因年高體弱，於二〇〇三年四月六日晨九時，於安睡中離世，正如聖經所說：「壽高年邁，日子滿足」，安息主懷。

母親為人寬厚，待人慈祥，款待親友無微不至，並照顧姪輩多人成家立業，終其一生都在對家人、對親友無怨無悔的付出愛心，從串門子聊是非，不批評他人，也不玩麻將、惟一的娛樂就是閱讀書報，看看電視節目，彰顯出中國傳統婦女的美德；母親走完了她八十九載的人間旅程，離開了塵世，但她的遺愛將長留在兒孫親友的心中，永難忘懷。

（《湖北文獻》，二〇〇三年七月）

史地傳記類 PC0109

# 民國精英人物的故事

著　　者 / 李紹盛
主　　編 / 蔡登山
責任編輯 / 胡珮蘭
圖文排版 / 黃莉珊
封面設計 / 陳佩蓉

發 行 人 / 宋政坤
法律顧問 / 毛國樑　律師
印製出版 / 秀威資訊科技股份有限公司
114 台北市內湖區瑞光路 76 巷 65 號 1 樓
電話：+886-2-2796-3638　傳真：+886-2-2796-1377
http://www.showwe.com.tw
劃撥帳號 / 19563868　戶名：秀威資訊科技股份有限公司
讀者服務信箱：service@showwe.com.tw
展售門市 / 國家書店（松江門市）
104 台北市中山區松江路 209 號 1 樓
電話：+886-2-2518-0207　傳真：+886-2-2518-0778
網路訂購 / 秀威網路書店：http://www.bodbooks.com.tw
國家網路書店：http://www.govbooks.com.tw
圖書經銷 / 紅螞蟻圖書有限公司
114 台北市內湖區舊宗路二段 121 巷 28、32 號 4 樓
電話：+886-2-2795-3656　傳真：+886-2-2795-4100

2010 年 4 月 BOD 一版
定價：300 元

國家圖書館出版品預行編目

民國精英人物的故事 /李紹盛著. -- 一版. --
臺北市 : 秀威資訊科技, 2010.04
面 ; 公分. -- (史地傳記類 ; PC0109)
BOD 版
ISBN 978-986-221-419-0 (平裝)

1. 臺灣傳記 2. 中華民國

782.18 99003686

# 讀者回函卡

感謝您購買本書，為提升服務品質，請填妥以下資料，將讀者回函卡直接寄回或傳真本公司，收到您的寶貴意見後，我們會收藏記錄及檢討，謝謝！
如您需要了解本公司最新出版書目、購書優惠或企劃活動，歡迎您上網查詢或下載相關資料：http:// www.showwe.com.tw

您購買的書名：________________________________

出生日期：________年________月________日

學歷：□高中（含）以下　□大專　□研究所（含）以上

職業：□製造業　□金融業　□資訊業　□軍警　□傳播業　□自由業
　　　□服務業　□公務員　□教職　□學生　□家管　□其它_____

購書地點：□網路書店　□實體書店　□書展　□郵購　□贈閱　□其他

您從何得知本書的消息？
□網路書店　□實體書店　□網路搜尋　□電子報　□書訊　□雜誌
□傳播媒體　□親友推薦　□網站推薦　□部落格　□其他__________

您對本書的評價：（請填代號　1.非常滿意　2.滿意　3.尚可　4.再改進）
封面設計____　版面編排____　內容____　文／譯筆____　價格____

讀完書後您覺得：
□很有收穫　□有收穫　□收穫不多　□沒收穫

對我們的建議：________________________________

________________________________________

________________________________________

________________________________________

請貼
郵票

11466
台北市內湖區瑞光路 76 巷 65 號 1 樓
**秀威資訊科技股份有限公司** 收
BOD 數位出版事業部

（請沿線對折寄回，謝謝！）

姓　　名：＿＿＿＿＿＿＿＿　年齡：＿＿＿＿　性別：□女　□男

郵遞區號：□□□□□

地　　址：＿＿＿＿＿＿＿＿＿＿＿＿＿＿＿＿

聯絡電話：(日)＿＿＿＿＿＿＿＿　(夜)＿＿＿＿＿＿＿＿

E-mail：＿＿＿＿＿＿＿＿＿＿＿＿＿＿＿＿